中国银行业监督管理委员会

2012 年报

中信出版社
CHINA CITIC PRESS

图书在版编目（CIP）数据

中国银行业监督管理委员会2012年报 / 中国银行业监督管理委员会办公厅组稿. – 北京: 中信出版社, 2013.4

ISBN 978-7-5086-3949-9

Ⅰ. ①中… Ⅱ. ①中… Ⅲ. ①银行监管—中国—2012—年报 Ⅳ. ① F832.1-2

中国版本图书馆CIP数据核字(2013)第068288号

中国银行业监督管理委员会2012年报

CHINA BANKING REGULATORY COMMISSION 2012 Annual Report

编　　者: 中国银行业监督管理委员会办公厅

策划推广: 中信出版社（China CITIC Press）

出版发行: 中信出版集团股份有限公司（北京市朝阳区惠新东街甲4号富盛大厦2座　邮编 100029）

（CITIC Publishing Group）

承 印 者: 北京达利顺捷印务有限公司

开　　本: 880mm×620mm　1/16　**印　　张**: 9　**字　　数**: 101千字

版　　次: 2013年4月第1版　**印　　次**: 2013年4月第1次印刷

书　　号: ISBN 978-7-5086-3949-9/F·2889

定　　价: 95.00元

声明：除特别注明外，本年报数据均为法人口径数据，货币单位均为人民币。

本年报以中文版为准，英文版仅供参考。

本年报由银监会办公厅负责解释。

服务热线：010-84849283

服务传真：010-84849000

http://www.publish.citic.com

E-mail: sales@citicpub.com

author@citicpub.com

目录

专栏

图表

表格

主席致辞

2012 年，面对复杂严峻的国际经济金融形势和国内经济下行压力，在党中央、国务院的正确领导下，全国银行业以科学发展观为指导，开拓创新，扎实工作，全面完成了“守底线、强服务、严内控、促转型”的年度工作任务。银行业整体上继续保持了良好的发展态势，风险抵御能力、资本实力和经营效率有所上升，对实体经济的服务能力和水平进一步提升，成效进一步凸显。

银监会严守不发生系统性和区域性金融风险的底线，实现了银行业的安全稳健运行。防范金融风险是银行业经营管理的永恒主题，也是银监会首要的监管职责。在过去的一年里，针对银行业风险反弹压力有所增大的趋势，从年初开始，银监会就紧紧围绕平台、房地产、流动性、案件、表外业务和信息科技六大重点风险，有针对性地强化监控、严密布防；同时，对新暴露的少数行业信贷风险、少数企业集群风险和少数地区的民间融资、企业担保等风险苗头，深入调查、独立判断、谨慎分析、稳妥应对。不仅高度关注单体机构的风险变化态势，同时严密监测宏观形势变化和银行业整体风险发展趋势；既盯紧老问题，又关注新情况。始终将识别、计量、防范、控制和化解风险放在各项工作的首位，务求政策措施实用、管用、适用，防止处置迟缓放大风险，避免处置不当引发市场恐慌，确保风险总体可控。在多方共同努力下，基本做到了及早监测发现风险、尽早报告预警风险、及时控制处置风险，有效防止了风险的扩散蔓延，消除了系统性和区域性风险苗头。

我们及时微调监管政策，提高了银行业对实体经济的金融服务能力。更好地服务实体经济，是银行业的本质要求，也是银监会最基本的监管导向。2012 年，针对经济形势复杂多变、不确定性因素多等情况，银监会杜绝盲目行动、摇摆多变，首先调研分析形势，再研究对策措施，确立政策，狠抓落实到底。及时微调重点项目和融资平台信贷监管政策，合理满足国家重点建设资金需求；微调小微信贷、“三农”服务和绿色信贷等监管政策，加强对薄弱环节的信贷支持；加大对保障性安居工程建设、个人消费和出口等领域的信贷倾斜力度，推动落实国家改善民生、提振进出口和扩大内需等政策要求；及时调整有关银行服务的收费政策，强力治理不规范收费行为，在一定程度上降低了实体经济的融资成本。这些政策措施不仅减少了银行信贷的盲动性，而且疏导和改善了银行业的融资能力。截至 2012 年底，小微企业贷款连续三年实现“两个不低于”目标，涉农贷款连续四年实现“两个不低于”目标，战略性新兴产业、绿色经济、节能环保等领域的贷款增长明显，为实体经济稳增长、调结构发挥了积极作用。

我们持续加强监管引领，推动银行业加快发展方式转变进程。积极借鉴国际标准和先进做法，紧密结合我国银行业改革发展和监管实际，不断完善监管政策法规和工具方法，使其成为我国银行业加快科学发展步伐的重要推手，满足持续提高银行业监管有效性的现实要求。在 2012 年推动出台一系列重大法规制度和政策措施的过程中，银监会始终保持国际视野，坚持谋定后动，分清轻重缓急，把握原则分寸，注意时机掌握，力求瓜熟蒂落、水到渠成。既保持了监管政策的稳定性和连续性，又增进了前瞻性、针对性和协调性。因此，赢得了广泛支持，并取得了良好效果。借鉴国际监管改革最新成果，结合我国资本监管最新探索，制定出台了新资本协议，不仅强化了资本约束，而且为银行业深化体制机制改革提供了难得的契机。参考国际最佳实践，结合我国银行业经营管理的主要矛盾，银监会出台了银行业金融机构绩效考评监管指引等一系列制度办法，对推动商业银行规范经营、科学发展发挥了积极作用。

银监会积极贯彻中央精神，积极鼓励民间资本进入银行业。目前，民间资本持股占比在中小商业银行接近 48.52%，在农村合作金融机构超过 90%，对银行业金融机构优化股本结构、提高治理水平产生了积极的影响。制定了银行业消费者权益保护工作规划纲要等基本制度，为切实加强消费者保护奠定了良好基础。

当前，我国银行业仍处于较好的发展时期。我国经济社会发展基本面长期趋好，国内市场潜力巨大，社会主义市场经济体制机制不断完善，工业化、城镇化、信息化和农业现代化同步推进，银行业发展具有难得的机遇和有利条件。但在外部冲击和内部转型的压力下，银行业经营和监管面临的不确定性在增大，困难在增多，风险管控的要求也在不断提高。面对这种形势，新的一年里，全行业要深入学习贯彻党的十八大和中央经济工作会议精神，以邓小平理论、“三个代表”重要思想、科学发展观为指导，准确把握银行业发展基调、服务方向、改革重点、风险防线、创新精髓和监管导向；坚持持续健康的发展要求，科学把握稳增长、控通胀与防风险的平衡，运用底线思维、逆周期监管和预调微调方法，增强工作的前瞻性、进取性和创造性；进一步健全促进宏观经济稳定、支持实体经济发展的现代银行业体系；进一步推动银行业深化改革和发展转型；进一步增强防范系统性和区域性风险的能力。从而促进经济金融发展质量和效率同步提升，为全面建成小康社会做出新的贡献。

中国银行业监督管理委员会　主席

2013 年 4 月

银监会简介

目标与任务

法定目标：促进银行业的合法、稳健运行，维护公众对银行业的信心。保护银行业公平竞争，提高银行业竞争能力。

法定任务：负责对全国银行业金融机构及其业务活动实施监督管理。

监管目标：通过审慎有效的监管，保护存款人和其他客户的合法权益；通过审慎有效的监管，维护公众对银行业的信心；通过宣传教育和信息披露，增进公众对现代银行业金融产品、服务的了解和相应风险的识别；努力减少银行业金融犯罪，维护金融稳定。

理念与方法

理念：管法人、管风险、管内控、提高透明度。

方法：遵循“准确分类—提足拨备—充分核销—做实利润—资本充足”的持续监管思路，对银行业金融机构实施以风险为本的审慎有效监管。

良好的监管标准：促进金融稳定和金融创新共同发展；努力提升我国银行业在国际金融服务中的竞争力；各类监管设限科学、合理，有所为、有所不为，减少一切不必要的限制；鼓励公平竞争，反对无序竞争；对监管者和被监管者实施严格、明确的问责制；高效、节约地使用一切监管资源。

约法三章与员工守则

银监会工作人员在履行法定职责、实施监管过程中，必须做到：

一、不得超越职权干预被监管单位授信（含贷款、担保、承兑、贴现等）、资产处置、项目投资等业务活动。

二、不得违反规定插手被监管单位人事安排、建设工程、物资采购招投标等事项。

三、不得接受被监管单位公款支付的宴请、高消费娱乐（健身）活动、旅游度假、现金、有价证券、支付凭证和其他贵重礼品等。

在严格遵守上述“约法三章”的同时，银监会工作人员在内部公务活动中还要做到：不准搞“公关”、不准请客送礼、不准违反规定迎送。

管理层

主席 尚福林

主持银监会全面工作，兼任党校校长

副主席　蔡鄂生

主要负责法规，政策性银行及国家开发银行、邮政储蓄银行、金融资产管理公司、非银行金融机构监管和融资性担保业务工作。

副主席　周慕冰

主要负责大型商业银行、农村商业银行、农村合作银行、农村信用社、新型农村金融机构监管，财务会计（含政府采购）、机关服务和廊坊教学基地工作。

副主席　郭利根

主要负责银行业信息科技监管、银行业消费者权益保护、组织人事、机关党建、系统工会、系统团委、信息中心和中国金融工会工作。

副主席　王兆星

主要负责政策研究、外资银行监管、统计、国际事务和博士后工作。

纪委书记　杜金富

主要负责纪检监察、业务创新监管协作、宣传、处置非法集资、银行业案件稽查（银行安全保卫）工作，联系和指导银行业协会工作。

主席助理　阎庆民

主要负责办公事务，股份制商业银行、城市商业银行监管和培训工作。

致谢：银监会原纪委书记 王华庆（2012 年 5 月调离）

注：截至 2012 年报出版日

国际咨询委员会

银监会国际咨询委员会经国务院批准成立，由银监会邀请国际金融业知名人士组成。主要对我国银行业长期发展战略和银行业监管等问题提供咨询。委员会每年召开一次会议。

国际咨询委员会外方委员名单

沈联涛
Andrew Sheng

香港证券及期货事务监察委员会前主席
现任银监会首席顾问

杰拉尔德·科里根
Gerald Corrigan

美国纽约联邦储备银行前行长
现任高盛银行（美国）董事长

霍华德·戴维斯爵士
Sir Howard Davies

英国金融服务局前主席
英国伦敦政治经济学院前院长
现任英国保诚集团董事、美国摩根斯坦利集团董事

罗杰·福格森
Roger Ferguson

美国联邦储备委员会前副主席、美国公开市场委员会前委员（有表决权）、金融稳定论坛前主席
现任美国教师退休基金会公司总裁兼首席执行官

伊恩·麦克法兰
Ian Macfarlane

澳大利亚联邦储备银行前行长
现任澳新银行董事

庞·约翰爵士
Sir John Bond

汇丰集团董事局前主席
沃达丰集团前董事长
现任斯特拉塔公司董事会主席

汤姆·德·斯旺
Tom de Swaan

巴塞尔银行监管委员会前主席
现任葛兰素史克公司审计委员会主席

希拉·贝尔
Sheila Bair

美国联邦存款保险公司前主席
现任系统风险委员会主席、皮尤慈善信托基金会高级顾问

约瑟夫·阿克曼
Josef Ackermann

德意志银行董事会前主席
现任苏黎世保险公司总裁

欧智华
Stuart Gulliver

现任汇丰控股有限公司集团行政总裁兼香港上海汇丰有限公司主席

让·克洛德·特里谢
Jean-Claude Trichet

法国中央银行前行长
欧洲中央银行前行长

安浩德爵士
Sir Andrew Crockett

国际清算银行前总经理
摩根大通集团前国际总裁

系统内部架构图

截至 2012 年底，银监会系统机构总数 2,075 个，其中包括：银监会机关、监事会、金融工会、36 个银监局、306 个银监分局、1,730 个监管办事处，另设北戴河培训中心、沈阳培训中心、顺德培训中心、廊坊培训中心。

会机关

部门	主要负责人
办公厅（党委办公室）	杨家才
法规部	黄　毅
政策研究局	刘春航（兼）
银行监管一部	肖远企
银行监管二部	杨丽平（女）
银行监管三部	段继宁（女）
银行监管四部	沈晓明
非银行金融机构监管部	李建华
合作金融机构监管部	姜丽明（女）
银行业信息科技监管部	谢翀达
业务创新监管协作部	王岩岫
银行业消费者权益保护局	刘　元
融资性担保业务工作部	牛成立
银行业案件稽查局（银行业安全保卫局）	苏保祥

部门	主要负责人
处置非法集资办公室	刘张君
统计部	刘春航
财务会计部	胡永康
国际部（港澳台事务办公室）	范文仲
监察局（纪委）	廖有明
人事部（党委组织部）	吴 跃
宣传工作部（党委宣传部）	肖 璞
机关党委	龚建德
团委	郭 鸿
系统工会	张东风（兼）
党校	潘光伟
信息中心	谢翀达（兼）
培训中心	罗 平
机关服务中心	张福豪

注：截至2012年报出版日。

派出机构

银监局	主要负责人
北京银监局	阎庆民(兼)
天津银监局	余龙武
河北银监局	郭锦洲
山西银监局	王占峰
内蒙古银监局	薛纪宁
辽宁银监局	李　林
吉林银监局	高　飞
黑龙江银监局	赵江平
上海银监局	廖　岷
江苏银监局	于学军
浙江银监局	韩　沂
安徽银监局	陈琼(女)
福建银监局	周民源
江西银监局	马忠富
山东银监局	廖平之
河南银监局	李伏安
湖北银监局	邓智毅
湖南银监局	施爱平(女)

银监局	主要负责人
广东银监局	刘福寿
广西银监局	曾向阳(女)
海南银监局	王晓辉
重庆银监局	洪佩丽(女)
四川银监局	王筠权
贵州银监局	李均锋
云南银监局	林勇力
西藏银监局	扶明高
陕西银监局	凌　敢
甘肃银监局	谢　凝
青海银监局	冷云竹(女)
宁夏银监局	安　宁
新疆银监局	赖秀福
大连银监局	原　飞
宁波银监局	吉　明
厦门银监局	王泽平
青岛银监局	陈育林
深圳银监局	熊良俊

注: 截至2012年报出版日。

银监会系统职工摄影作品

经济金融形势与银行业概况

· 经济金融形势

· 银行业概况

（一）经济金融形势

1. 国际经济金融形势

2012 年，全球经济继续进行深度调整转型，全年世界经济增长进一步放缓至 3.2%，同比下降 0.7 个百分点（国际货币基金组织，《世界经济展望》，2013 年 1 月）；国际贸易增速持续回落，全年商品贸易增长 3.2%，同比下降 3.2 个百分点（联合国，《2013 年世界经济形势与展望》，2013 年 1 月）。全球经济金融形势依然复杂严峻，国际金融市场继续波动，主要发达国家财政金融问题相互交织，突出表现为以下三个方面：

一是全球经济增长乏力。2012 年，发达经济体产出增长 1.3%，同比下降 0.3 个百分点（国际货币基金组织，《世界经济展望》，2013 年 1 月）。主要经济体增长动力不足：2012 年，美国房地产市场出现好转，金融部门去杠杆化基本完成，经济温和复苏，但受政府支出减少及出口下滑等因素影响，第四季度 GDP 环比折年率初值下降 0.1%（美国商务部经济分析局，2013 年 1 月）；欧洲经济于 2012 年第三季度正式陷入衰退；日本受出口下滑拖累，2012 年第二季度以来经济持续负增长；新兴市场经济增速也普遍放缓，2012 年增长 5.1%，同比下降 1.2 个百分点，其中巴西、印度、俄罗斯和南非经济分别增长 1.0%、4.5%、3.6%和 2.3%，同比分别下降 1.7、3.4、0.7 和 1.2 个百分点（国际货币基金组织，《世界经济展望》，2013 年 1 月）。

二是主要发达国家主权债务压力高企。欧债危机仍然是威胁全球经济金融稳定的最大不确定因素。希腊经济近 4 年持续萎缩，债务水平居高不下，2012 年第三季度末希腊政府债务占 GDP 比重仍高达 152.6%（欧盟统计局，2013 年 1 月）；西班牙面临银行业坏账和地方政府财政困难的双重压力，2012 年底西班牙银行业坏账率仍处于 10.4%的高位（西班牙央行，2013 年 2 月）。虽然欧洲央行以下调再融资利率和购买债券等来压低成员国的融资成本，但由于各成员国之间仍然存在分歧，短期内，各国政府债务难以大幅削减，欧债危机前景充满不确定性。美国 2012 财年（2011 年 10 月 -2012 年 9 月）联邦财政赤字为 1.09 万亿美元，已连续 4 年超出万亿美元大关，联邦债务总额再次逼近法定上限。尽管“财政悬崖”问题在最后时刻得以暂时延期，但美国财政不可持续问题没有得到根本解决。国际货币基金组织预测，日本政府债务占 GDP 比重达 236.6%，在经济增速放缓、贸易持续大幅逆差的背景下，债务累积可能继续增加财政风险。

三是主要发达国家纷纷采取超宽松货币政策，加剧国际金融市场动荡。2012 年，美联储两次增加资产购买规模，欧洲央行推出了无上限购买 3 年期以内欧元区主权债券的直接货币交易计划（OMT），日本央行 2012 年 5 次扩大了资产购买规模。受上述政策影响，加之气候、地缘政治等外部因素作用，跨境资本波动加剧，国际金融市场持续动荡。大宗商品市场重要金属、原油和主要粮食产品价格均出现较大起伏，伦敦期铜、布伦特原油、芝加哥商品交易所玉米和小麦价格分别从第二季度的年内低点大幅上涨 15.7%、31.0%、50.7%和 59.5%至第三季度的高点；第四季度纽约商品交易所黄金价格最高达到 1,800 美元 / 盎司，年内最大涨幅为 16.9%；美欧股票市场价格震荡上涨，道琼斯工业平均指数、德国 DAX 指数和伦敦富时 100 指数第四季度高点分别比年内低点上涨了 12.5%、27.4%和 13.3%。

2012 年，国际金融监管改革继续推进。一是推进第三版巴塞尔协议实施。目前，巴塞尔银行监管委员会（Basel

Committee on Banking Supervision, BCBS）的 27 个成员经济体正在推进第三版巴塞尔协议的实施。其中，包括中国在内的 11 个成员已经发布新的资本监管规则，美国、欧盟等成员发布了征求意见稿。2012 年，巴塞尔银行监管委员会对欧盟、美国、日本和新加坡等经济体的资本监管规则（其中欧盟和美国为征求意见稿）与第三版巴塞尔协议的一致性进行了评估，并将于 2013 年对瑞士、中国、澳大利亚、加拿大等国进行评估。二是完善处置机制和全球系统重要性金融机构的处置计划。金融稳定理事会（Financial Stability Board, FSB）正在开展关于《有效处置机制的关键特征》实施进展的同行审议，并计划于 2013 年对成员国建立的全球系统重要性银行处置方案进行评估。三是推动场外衍生品市场改革方案的实施。金融稳定理事会正在起草场外衍生品改革进展报告，评估场外衍生品监管改革对宏观经济的影响。四是加强对影子银行体系的监管。金融稳定理事会于 2012 年 11 月向二十国集团（G20）提交了关于加强影子银行体系监管的政策建议初稿，修改后的最终政策建议将于 2013 年提交二十国集团峰会审议。

尽管国际金融监管部分领域的改革取得了积极进展，但依然存在监管规则趋于复杂，成员国之间改革进展不平衡、国际监管规则实施不一致，实施的有效性、竞争的公平性和规则间的协同性难以得到保证，部分改革领域推进缓慢，意见难以协调统一等问题。

专栏 1 银行监管体系建设的国际新标准——第三版《有效银行监管核心原则》

《有效银行监管核心原则》（以下简称《核心原则》）是巴塞尔银行监管委员会发布的、在全球具有广泛适用性的银行监管国际标准。2012 年 9 月，巴塞尔银行监管委员会发布了最新修订的第三版《核心原则》，成为指导各国建设和完善银行监管体系的最新纲领性文件。

《核心原则》系统概括了银行监管的良好做法和银行审慎经营的基本要求，建立了有效银行监管的总体框架。国际货币基金组织和世界银行联合开展的金融部门评估规划（Financial Sector Assessment Program, FSAP）是当前国际上范围最广、最有影响力的金融稳定评估框架，对照《核心原则》评估银行监管有效性，是金融部门评估规划的重要组成部分。

2009 年 8 月，金融部门评估规划在我国正式启动。在对照《核心原则》开展自我评估和接受两次现场评估后，评估团于 2010 年 12 月向银监会提交了《中国有效银行业监管核心原则评估报告》。

2. 国内经济金融形势

2012 年，中国经济发展呈现稳中有进的良好态势。消费需求稳定，固定资产投资增长较快，物价涨幅总体回落，就业形势基本稳定，改善民生成效显著。农业基础地位进一步稳固，工业生产缓中趋稳。国际收支更趋平衡，资本和金融项目自亚洲金融危机以来首次出现年度逆差。

一是国内经济总体运行平稳。2012 年，全年国内生产总值为 519,322 亿元，比上年增长 7.8%。物价涨幅稳步回落，全年居民消费价格比上年上涨 2.6%，涨幅比上年回落 2.8 个百分点。粮食产量连续第九年实现增产。规模以上工业增加值同比增长 10.0%。城乡居民收入稳定增长，全年城乡居民人均可支配收入同比分别增长 12.6% 和 13.5%，农村居民收入增速连续 12 个季度快于城镇居民收入。结构调整积极推进，内需发挥重要支撑作用，社会消费品零售总额比上年名义增长 14.3%（扣除价格因素，实际增长 12.1%）。固定资产投资平稳较快增长，全年固定资产投资（不含农户）比上年名义增长 20.6%（扣除价格因素，实际增长 19.3%）。进出口增速呈现缓中趋稳的态势，全年进出口总值为 38,667.6 亿美元，比上年增长 6.2%，出口增长 7.9%，进口增长 4.3%，全年贸易顺差为 2,311 亿美元。

二是继续实施积极的财政政策和稳健的货币政策。2012 年，我国持续推进结构性减税政策，稳步推进营业税改征增值税试点，财政收入增长放缓，财政支出结构继续改善。全年全国公共财政收入为 11.7 万亿元，比上年增长 12.8%；全国公共财政支出为 12.6 万亿元，比上年增长 15.1%。货币信贷增长平稳。截至 2012 年底，广义货币供应量（M2）余额为 97.4 万亿元，同比增长 13.8%。

三是金融市场总体保持稳健发展。2012 年，我国股票市场指数、成交量均与上年同期基本持平，债券发行规模稳步增加。截至 2012 年底，沪深两市上市公司为 2,494 家，总市值为 23 万亿元；债券市场发行总额为 8.1 万亿元。

（二）银行业概况

截至 2012 年底，我国银行业金融机构共有法人机构 3,747 家，从业人员 336.2 万人。包括 2 家政策性银行及国家开发银行、5 家大型商业银行、12 家股份制商业银行、144 家城市商业银行、337 家农村商业银行、147 家农村合作银行、1,927 家农村信用社、1 家邮政储蓄银行、4 家金融资产管理公司、42 家外资法人金融机构、67 家信托公司、150 家企业集团财务公司、20 家金融租赁公司、5 家货币经纪公司、16 家汽车金融公司、4 家消费金融公司、800 家村镇银行、14 家贷款公司，以及 49 家农村资金互助社。

1. 资产增速平稳

截至 2012 年底，银行业金融机构资产总额为 133.6 万亿元，比年初增加 20.3 万亿元，增长 17.9%；负债总额为 125.0 万亿元，比年初增加 18.9 万亿元，增长 17.8%（见图 1）。从机构类型看，资产规模较大的依次为：大型商业银行、股份制商业银行、农村中小金融机构和邮政储蓄银行，占银行业金融机构资产的份额分别为 44.9%、17.6%和 15.6%（见图 2）。

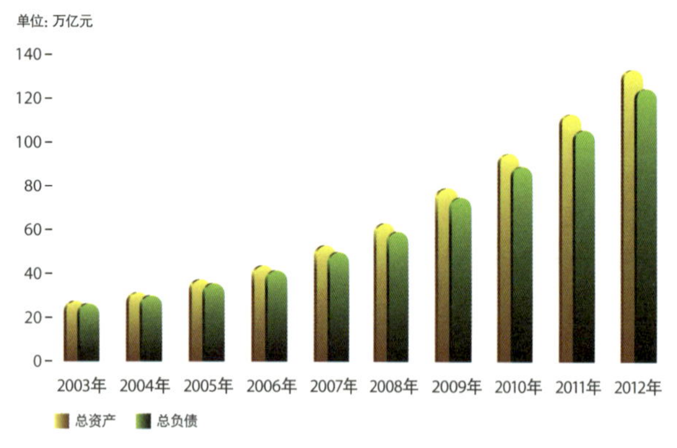

图 1 银行业金融机构资产负债总量（2003－2012 年）

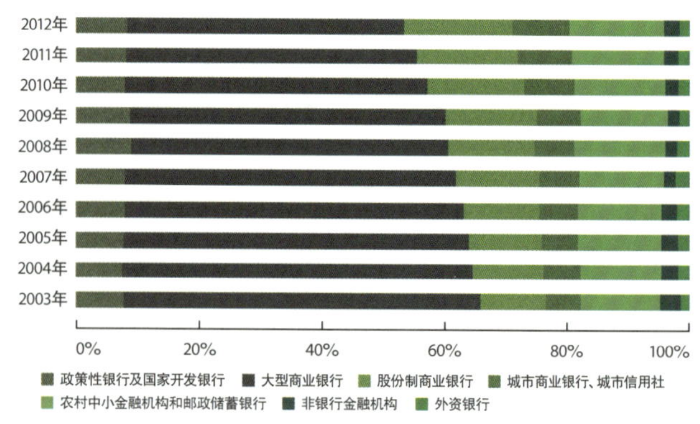

图 2 银行业金融机构市场份额（按资产，2003－2012 年）

2. 存贷款增长平稳

截至 2012 年底，银行业金融机构本外币各项存款余额为 94.3 万亿元，比年初增加 11.6 万亿元，同比增长 14.1%。其中，居民储蓄存款余额为 40.4 万亿元，比年初增加 5.6 万亿元，同比增长 16.2%；单位存款余额为 47.9 万亿元，比年初增加 5.5 万亿元，同比增长 13.2%。本外币各项贷款余额为 67.3 万亿元，比年初增加 9.1 万亿元，同比增长 15.6%。其中，短期贷款余额为 26.8 万亿元，比年初增加 5.1 万亿元，同比增长 23.3%；中长期贷款余额为 36.4 万亿元，比年初增加 3.0 万亿元，同比增长 9.0%；个人消费贷款余额为 10.4 万亿元，比年初增加 1.6 万亿元，同比增长 17.6%；票据融资余额为 2.0 万亿元，比年初增加 5,294 亿元，同比增长 34.9%（见图 3）。

3. 资本实力上升

截至 2012 年底，商业银行整体加权平均资本充足率为 13.25%，同比上升 0.54 个百分点；加权平均核心资本充足率为 10.62%，同比上升 0.38 个百分点，509 家商业银行的资本充足率水平全部超过 8%（见图 4）。

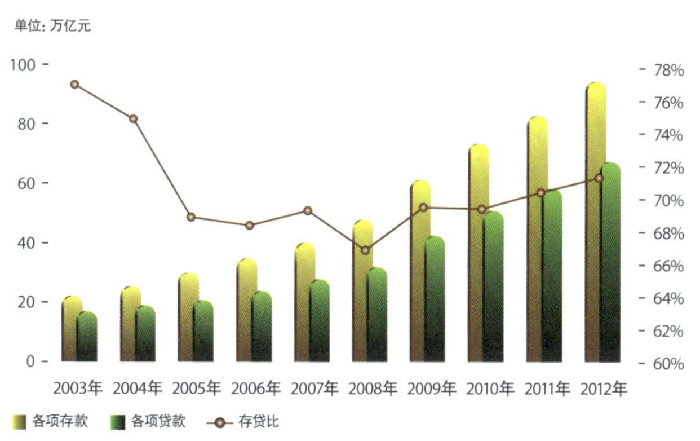

图 3 银行业金融机构存贷款余额及存贷比（2003－2012 年）

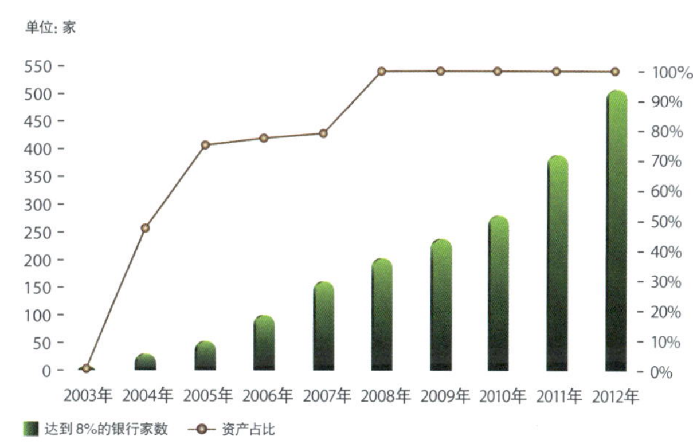

图 4 资本充足率达到 8% 的银行数量和资产占比（2003－2012 年）

4. 资产质量稳定

截至 2012 年底，银行业金融机构不良贷款余额为 1.07 万亿元，比年初增加 234 亿元，不良贷款率为 1.56%，同比下降 0.22 个百分点。其中，商业银行不良贷款余额为 4,929 亿元，比年初增加 647 亿元，不良贷款率为 0.95%，同比下降 0.01 个百分点（见图 5）。

5. 抵御风险能力上升

截至 2012 年底，商业银行贷款损失准备金余额为 1.46 万亿元，比年初增加 2,653 亿元；拨备覆盖率为 295.5%，同比上升 17.3 个百分点，风险抵补能力进一步提高（见图 6）。

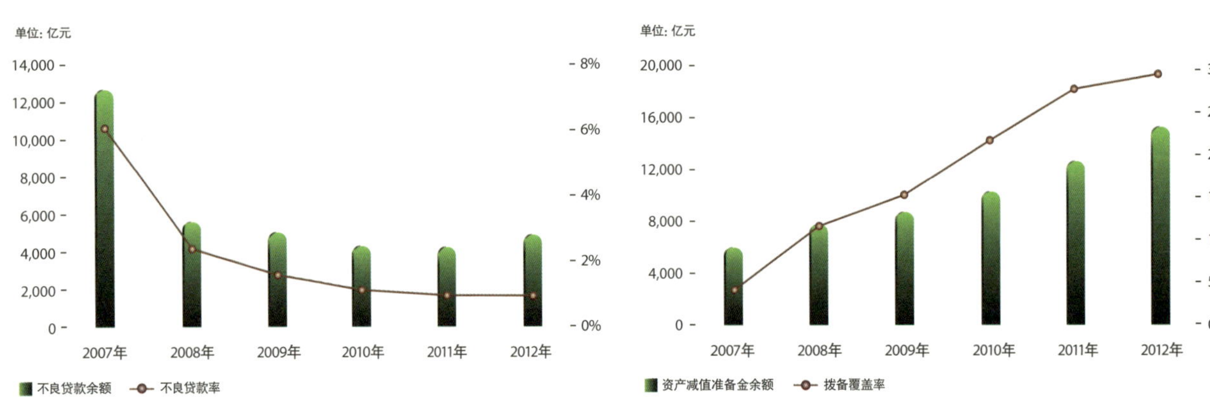

图 5 商业银行不良贷款余额和比率（2007－2012 年）

图 6 商业银行资产减值准备及拨备覆盖率（2007－2012 年）

6. 回报率稳定

2012 年，银行业金融机构实现税后利润为 1.51 万亿元，同比增长 20.7%；资本利润率为 19.0%，同比下降 0.16 个百分点；资产利润率为 1.2%，同比上升 0.02 个百分点。其中，商业银行实现税后利润为 1.24 万亿元，同比增长 19.0%；资本利润率为 19.8%，同比下降 0.55 个百分点；资产利润率为 1.3%，与 2011 年同期持平。从利润来源看，64.9% 为利息净收入，主要源于以信贷为主的生息资产规模的增长（见图 7）。

7. 流动性稳定

截至 2012 年底，银行业金融机构平均流动性比例为 47.8%，同比上升 3.07 个百分点（见图 8）；存贷款比例为 73.5%，同比上升 0.74 个百分点。商业银行人民币超额备付金率为 3.5%，同比上升 0.42 个百分点。

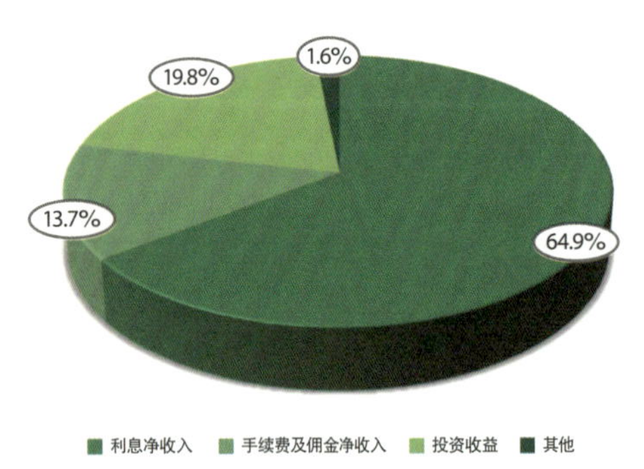

图 7 银行业金融机构收入结构图（2012 年）

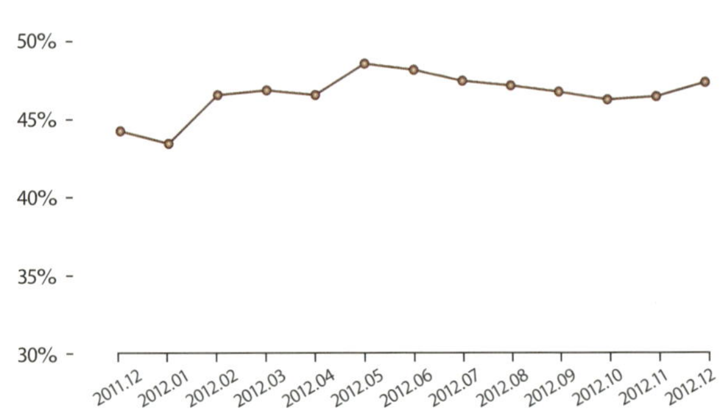

图 8 银行业金融机构流动性比例图（2011 年 12 月－2012 年 12 月）

银监会系统职工摄影作品

银监会系统职工摄影作品

02 银行业改革发展

- 改革转型
- 对外开放
- 金融创新

（一）改革转型

2012 年，银监会继续推动银行业金融机构深化体制机制改革，加快经营发展模式转变，促进宏观经济稳定、支持实体经济发展的现代银行业体系逐步健全，银行业整体服务质效、经营水平和竞争能力持续提升。

1. 政策性银行及国家开发银行

2012 年，国家开发银行继续深化商业化改革，以规划先行服务科学发展，发挥中长期投融资主力银行作用。探索拓宽资金来源和资本补充渠道，研究建立有约束、可持续的业务发展模式。中国进出口银行有序推进改革，逐步转变经营理念、发展模式和管理机制，稳步提高风险识别和控制能力，不断增强市场营销和业务创新能力，政策性金融在支持进出口贸易、中资企业“走出去”等领域的积极作用进一步显现。中国农业发展银行持续推进改革转型，在强化农村金融服务骨干和支柱作用的同时，按照打造现代银行的要求，狠抓基础基层建设，强化内控的独立性和有效性，提高制度执行力，明显提升管理能力和经营效率。

中国农业发展银行打造现代农业政策性银行取得突出成效

2004 年以来，中国农业发展银行先后出台数十项改革创新举措，实现内生性持续健康发展。深化经营机制改革，实行政策性、准政策性和商业性业务分别反映、分类管理；开辟市场化筹资机制，资金自给率达到 86.3%；由原来单一的支持粮棉油收储信贷业务，发展为“两轮驱动”业务的发展战略，即一方面着力发展以粮棉油收储、加工、流通为重点的全产业链信贷业务，另一方面着力发展以新农村建设和水利建设为重点的农业农村基础设施建设中长期信贷业务。2012 年，发放粮棉油收储贷款 5,456.3 亿元，同比增长 25.9%；农业农村基础设施贷款 2,604.6 亿元，支持项目 1,788 个。

中国工商银行以经营转型促进可持续发展

中国工商银行通过积极转变发展方式，努力实现从高资本占用型业务向低资本占用型业务、从传统融资中介向全能型金融服务中介、从本土商业银行向全球化大型金融集团的转型。不断推动中间业务的转型发展，使过度依赖存贷利差收入的传统盈利增长方式得到较大改变。国际化和综合经营呈现新的亮点，2012 年，境外机构的资产和利润增幅均超过境内，通过控股工银安盛人寿正式进军保险领域；工银瑞信、工银租赁、工银国际等子公司对集团的盈利贡献和战略协同作用进一步增强。

中国银行迎来百年行庆

2012 年，中国银行迎来百年华诞。中国银行是中国唯一持续经营百年的跨国银行，是全球系统重要性银行。自 2003 年底以来，中国银行稳步推进各项改革，积极转变发展方式，建立起全新的公司治理机制及以质量和效益为中心的经营管理体系。2006 年，中国银行在境内外资本市场同时上市。在业务发展上，明确了“以商业银行为核心、多元化服务、海内外一体化发展的大型跨国银行”的战略定位，坚持立足本土，同时积极推进跨国经营，资产负债结构、客户结构、业务结构、收入结构不断优化；在风险管理上，实行集中化、专业化的风险管理，建立内部控制三道防线，实施新的风险拨备机制，审慎计提资产减值准备，实现收益与风险相匹配。

2. 大型商业银行

2012 年，大型商业银行不断深化公司治理改革，进一步完善监事会工作机制、董事和高级管理人员履职评价考核机制、绩效考评机制；不断优化内部组织结构，逐步提高流程管理和内控管理水平；稳步增强资本管理和风险管理能力，以推进实施新资本协议为契机，继续强化基础设施建设，完善技术工具；积极优化发展战略，稳步推进综合经营试点和“走出去”；不断提升品牌价值、综合金融服务水平和国际竞争力。

尚福林主席出席全国股份制商业银行行长联席会议并发表重要讲话

3. 中小商业银行

2012 年，中小商业银行深入推进战略转型和发展方式转变，创新动力和能力明显提升，灵活高效优势逐步显现，差异化、特色化服务能力和企业品牌建设取得积极成效。服务群众、服务社区的能力明显提升，机构布局和业务结构进一步优化。公司治理进一步完善，股东审核标准、履职评价进一步强化。股权结构不断优化，高风险机构历史包袱化解处置、改制重组和市场退出等工作有序推进。资本管理能力进一步提升，新资本协议试点稳妥推进。

浙江泰隆商业银行通过发展社区银行实现战略转型

2012 年，浙江泰隆商业银行坚持特色经营，把发展社区银行作为战略转型重点。客户经理深入村居，将金融产品和金融服务送到城镇、城乡结合部以及农村地区。此外，对客户实施分层分类管理和属地管理，主动退出多头授信客户，防范信用风险、操作风险和系统性风险。2012 年，社区客户较 2011 年增长了 38.66%，社区存款占全行存款的 62.94%。

龙江银行创建社区银行新模式

龙江银行在全国率先创建社区银行新模式

中国民生银行启动事业部制改革

中国民生银行于 2007 年率先启动公司业务事业部制改革，将地产、能源、交通、冶金等政策和市场影响较大、风险管理要求较高的行业业务，由传统的“三级经营、三级管理”转变为“一级经营、一级管理”体制，从而提升其专业化水平，增强抵御风险能力。近年来，中国民生银行持续加强事业部体制优化和实践探索。一方面，先后成立现代农业、文化产业和石材产业金融事业部，积极进入金融需求巨大但银行服务相对不足的特色业务领域；另一方面，从 2012 年开始，落实事业部授权管理等关键配套措施，加快推进流程银行建设和分支行转型。事业部已成为中国民生银行推进特色银行与效益银行建设的主力军。

4. 农村中小金融机构

2012年，农村中小金融机构稳步推进产权制度改革，全年农村信用社和农村合作银行改制组建农村商业银行125家。坚持服务“三农”的市场定位，不断优化信贷管理，拓展服务网络，提升创新能力，支农服务能力显著增强。流程银行建设和新资本协议试点工作有序推进，转型发展基础进一步夯实。农村信用社省级联社逐步向服务型企业转型，治理框架和履职范围逐步明晰规范，内控要求不断强化。

天津银监局引导辖内金融租赁公司创新发展

天津银监局引导辖内金融租赁公司借助天津滨海新区先行先试政策优势，不断探索行业发展规律，打造行业标准。在融资规模、治理风控、创新模式、打造品牌、服务实体经济等方面取得突破性进展。截至2012年底，各类融资租赁公司85家，数量约占全国20%，租赁余额约占全国24%，初步形成全国金融租赁汇集地。

5. 中国邮政储蓄银行

2012年是中国邮政储蓄银行完成股份制改造的第一年。中国邮政储蓄银行调整补充董事会、监事会和高级管理层，扎实稳妥地推进邮政企业和邮储银行交叉管理网点改革，规范委托代理行为，逐步理顺管理体制。坚持服务“三农”、服务社区、服务中小企业的市场定位，持续深化“以客户为中心”的经营理念，不断拓展覆盖城乡的服务网络，加大金融创新力度，进一步提高零售金融服务水平，不断提升基层的操作合规性和经营管理能力。

广东农村信用社改制组建农村商业银行焕发新活力

针对广东省内农村信用社发展不平衡的特点，广东银监局指导农村信用社因地制宜、发挥市场力量增资扩股、协调各方力量解决遗留问题。截至2012年底，广东银监局辖内已有21家农村信用社成功改组为农村商业银行。改组后，历史遗留风险包袱得到妥善化解，产权结构更趋科学，业务进一步得到发展，经营管理水平明显提升，支农作用更加显著。截至2012年底，上述21家农村商业银行存款总额和贷款总额分别比2008年底增长62.7%和89.7%，平均资本充足率由6.8%上升至15.8%，平均不良贷款率由10%下降至1%，涉农贷款余额稳步增长。

专栏2 信托公司为社会财富管理提供有效金融服务

2012年，信托公司行业整体运行平稳，财富管理能力不断增强，累计支付受益人信托收益1,868.10亿元，实现年化综合平均回报率6.33%，比上年增长1.05个百分点。信托公司的受托规模和盈利能力明显提高，客户结构与产品内容持续升级，专业能力和社会认同度逐步提升，持续发展的内生动力不断增强。信托公司正稳步地从一般性理财机构向专业的资产管理和财富管理机构转变。

6. 非银行金融机构

2012 年，非银行金融机构发展质量不断提升，持续发展的内生动力不断增强，积极围绕实体经济需求开展金融创新。信托公司逐步回归本源业务，内部控制和激励约束机制逐步完善，队伍建设得以强化，资产管理能力不断增强。企业集团财务公司坚持服务集团的战略定位，进一步提高资金集中管理能力、风险防控水平和金融服务质效。金融租赁公司充分发挥融资融物相结合的特色优势，强化内部管理和业务创新，满足多样化的市场需求。汽车金融公司积极调整业务规划，拓宽融资渠道，发挥专业优势，确保行业发展稳步向上。货币经纪公司业务产品日渐丰富，市场认可度和盈利能力都不断增强。消费金融公司试点初见成效，业务规模也稳步增长。

蔡鄂生副主席在山西调研

7. 金融资产管理公司

2012 年，金融资产管理公司不断加快商业化转型步伐。中国信达资产管理股份有限公司引入 4 家战略投资者，进一步优化股权结构和公司治理机制。中国华融资产管理公司顺利完成股份制改造，建立健全公司治理架构，开始实行全面并表管理。中国长城资产管理公司稳步发展商业化业务，深入打造特色品牌，全面提升核心竞争力。中国东方资产管理公司继续加强内部管理，努力为商业化改革转型打好基础。

中国信达资产管理股份有限公司成功引入 4 家战略投资者

中国信达资产管理股份有限公司于 2012 年 3 月成功引入全国社会保障基金理事会、瑞银集团、中信资本、渣打银行 4 家战略投资者，金额达 103.7 亿元人民币。引入战略投资者后，中国信达资产管理股份有限公司坚持“引资、引制、引智”相结合，全面加强与战略投资者在公司治理、战略管理、资产管理、客户管理、风险管理等多方面的战略合作，促进自身持续健康发展。

专栏 3 银行业加快经营管理转型

2012 年，银行业金融机构积极加快经营管理模式转型，增强发展的内生动力。

一是推进以事业部和专业化经营为代表的管理架构改革。有效整合资源，强化后台专业支持能力，全面提升运营效率、风险管理能力和专业化服务水平。

二是加强内部成本核算管理。将风险成本和资金成本等要素纳入预算制定、执行、监控和分析评价等绩效管理全流程，提升成本管理精细化水平和控制能力。

三是加强业务流程整合。推动以客户服务为中心、以市场为导向的流程银行建设，积极实施业务流程、管理流程优化和再造工程，提升客户服务的质量与效率。

四是加强创新机制建设。通过设立董事会或总行层面的创新管理委员会，以及将产品创新纳入绩效考核等方式增强创新内生动力；从客户需求识别、产品设计规范、客户体验管理、产品风险评估等方面不断强化完善创新管理体系。

五是加大对科技信息技术的投入。着力提高经营管理的电子化、信息化、集中化和智能化水平，加大新型服务方式的科技投入，加强客户信息及其他应用平台的建设，以科技进步引领业务创新和发展。

专栏 4 利率市场化

随着利率市场化改革的逐步深入，银行业金融机构存贷款定价的差异化初显。利率市场化给银行业带来的挑战主要体现在三个方面：

一是银行发展转型方面。利率市场化加剧了市场竞争，使存贷款利差逐步收窄，银行盈利压力不断加大。依赖传统业务，通过简单规模扩张来获取收益的发展方式面临着较大的挑战，金融服务效率和质量成为银行提升议价能力的重要因素。

二是银行风险管理方面。在利率市场化进程中，银行面临的信用风险、利率风险、流动性风险、市场风险等管理压力明显加大，银行战略风险、操作风险等也可能相应上升。同时，风险关联性趋于上升，这将对银行设定稳健的风险偏好、加强全面风险管理能力建设提出更高的要求。

三是银行业务管理能力方面。利率市场化对银行的差异化定价能力、负债管理能力，以及成本管理能力等均提出了较高的要求。同时，银行改进绩效考核机制，完善信息管理系统，加强内部基础管理的压力也持续加大。

面对利率市场化进程，中国银行业正在从提升差异化定价能力、调整信贷结构、拓展融资渠道、发展中间业务、加强系统建设等方面采取积极措施。

银监会密切关注利率市场化改革实施进展和银行业风险变化趋势。2012 年 4 月，银监会专门组织成立了利率市场化改革研究工作小组，系统研究利率市场化改革对我国银行业的影响及银行业发展战略。下一步，银监会将继续督促引导银行业金融机构不断优化业务结构和推进改革转型，强化全面风险管理，提高经营管理能力，促进银行体系安全稳健运行。

(二)对外开放

2012 年,银监会按照"以我为主、循序渐进、安全可控、竞争合作、互利共赢"的方针,统筹推进银行业"引进来"和"走出去"工作。一方面,鼓励中资银行在有效防范风险的前提下"走出去",科学实施海外布局,构建与中国企业"走出去"相匹配的服务网络,不断提升国际竞争力和影响力;积极引进境外战略投资者,拓展资本补充渠道,增强发展实力。另一方面,合理引导外资银行本土化发展,对增强金融市场活跃度、提升中国银行业整体管理水平和服务水平起到了积极作用。

1. 中资银行业金融机构海外发展情况

2012 年,中国银行业结合金融服务需求和自身战略发展目标,通过自设机构、并购、参股等方式稳妥实施"走出去"。国家开发银行新设立里约热内卢代表处*;中国工商银行新设立秘鲁有限公司等 5 家海外分支机构,收购美国东亚银行、阿根廷标准银行 80%的股权,获当地监管机构的批准;中国农业银行新设立纽约分行等 3 家海外分支机构;中国银行新设立中东(迪拜)有限公司等 6 家海外分支机构;交通银行新设立台北分行;中国光大银行香港代表处升格为分行;中国民生银行新设立香港分行;中国石油财务(香港)有限公司新设立 2 家海外子公司。此外,根据中国—新加坡自由贸易区协议补充文本,新加坡给予 2 家符合资质的在新中资银行特许全面银行业务牌照。

截至 2012 年底,16 家中资银行业金融机构在海外设立 1,050 家分支机构,覆盖亚洲、欧洲、美洲、非洲和大洋洲的 49 个国家和地区。

中国工商银行走向全球 20 年

2012 年,中国工商银行进一步优化海外机构布局:通过收购美国东亚银行 80%的股权,实现了中资银行对美国银行业金融机构的首次控股权收购;通过收购在阿根廷金融机构中排名第 12 位的阿根廷标准银行 80%的股权,显著扩展了其在拉美地区的业务布局。同时,通过研发海外综合业务处理系统,实现了在全球统一平台上进行业务处理、风险管理和信息共享。中国工商银行实施国际化经营战略 20 年来,在海外近 60 个国家和地区形成了强大的国际化网络。海外机构资产接近 1,700 亿美元,基本形成了统筹境内外市场、全球获取收益,合理分散风险的经营格局。

汇丰(中国)本土化新进展

2007 年以来,汇丰银行(中国)有限公司在华本土化程度不断提高。一是业务本地化程度不断增加。截至 2012 年底,汇丰(中国)人民币资产、贷款和存款的占比分别已达 76%、75%和 77%,本地客户业务占比大幅提升。二是本地金融服务能力持续增强。在中西部地区开设分支行,支持当地经济和金融发展;结合本地市场特点,为客户提供差异化、个性化的服务;凭借国际网络优势,在 17 个国家和地区设立"中国企业海外服务部",为中国企业"走出去"提供支持。

* 以获得东道国监管当局批复开业为准,下同。

专栏 5 银监会启动中资银行业金融机构国际事务工作机制

2012 年 4 月，银监会召开中资银行业金融机构国际事务工作座谈会，邀请 18 家中资银行业金融机构代表就海外业务规划和发展进行交流，正式启动中资银行业金融机构国际事务工作机制。该机制的建立有助于促进银监会与中资银行业金融机构的国际事务沟通交流，推动中国银行业稳妥、有效地优化机构海外布局，提高银监会与有关国家和地区银行监管当局开展跨境监管合作的针对性。

2. 外资银行业金融机构在华发展情况

截至 2012 年底，49 个国家和地区的银行在华设立了 42 家外资法人机构、95 家外国银行分行和 197 家代表处（见表 1）。

截至 2012 年底，37 家外资法人银行、54 家外国银行分行获准经营人民币业务，30 家外资法人银行、25 家外国银行分行获准从事金融衍生产品交易业务，6 家外资法人银行获准发行人民币金融债，3 家外资法人银行获准发行信用卡。

表 1 在华外资银行业金融机构情况（截至 2012 年底）

单位：家

机构/类型	外国银行	独资银行	合资银行	独资财务公司	合计
法人机构总行		38	3	1	42
法人机构分行及附属机构		267	8		275
外国银行分行	95				95
总计	95	305	11	1	412

截至 2012 年底，外资银行在中国 27 个省（市、区）、59 个城市设立了机构，初步形成具有一定覆盖面和市场深度的总、分、支行服务网络，在提供中小企业特色金融服务、支持中资企业“走出去”，以及促进区域协调发展等方面贡献了力量。

截至 2012 年底，在华外资银行业营业机构资产总额（含外资法人银行和外国银行分行）为 2.38 万亿元，同比增长 10.66%（见表 2）；各项存款余额为 1.43 万亿元，增长 7.74%；各项贷款余额为 1.04 万亿元，增长 6.23%；流动性比例为 68.77%；实现税后利润 163.39 亿元；不良贷款率为 0.52%；外资法人银行资本充足率为 19.74%，核心资本充足率为 19.25%。从总体上看，在华外资银行业营业机构主要指标均高于监管要求，基本面健康。

表 2 在华外资银行业营业机构资产情况(2006 – 2012 年)

单位:亿元,百分比

项目/年份	2006 年	2007 年	2008 年	2009 年	2010 年	2011 年	2012 年
资产	9,279	12,525	13,448	13,492	17,423	21,535	23,804
占银行业金融机构总资产比例	2.11	2.38	2.16	1.71	1.85	1.93	1.82

专栏 6 内地扩大对香港、澳门银行业开放新举措

2012 年 6 月 29 日和 7 月 2 日,内地与香港、澳门分别签署了《内地与香港关于建立更紧密经贸关系的安排(Closer Economic Partnership Arrangement, CEPA)》补充协议九和《内地与澳门关于建立更紧密经贸关系的安排(CEPA)》补充协议九。两份协议于 2013 年 1 月 1 日起正式实施,涉及银行业以下三个方面的内容:

一是允许香港、澳门金融机构依据《消费金融公司试点管理办法》在广东省试点设立消费金融公司。

二是允许符合条件的港资、澳资银行从事证券公司客户交易结算资金和期货保证金存管业务。

三是允许澳门银行为服务横琴新区经济发展,在横琴设立分行或法人机构,提出申请前一年年末总资产不低于 40 亿美元。

专栏 7 两岸金融监管合作与银行业互设机构取得积极成果

大陆与台湾签署《金融合作协议》及《银行业监管合作谅解备忘录》以来,两岸银行业监管合作进入了制度化的良性轨道。目前,台资银行投资陆资银行在政策法规上并无实质性障碍,两岸银行业互设机构已取得实质性进展。

截至 2012 年底,台资银行在大陆共设立 10 家分行和 6 家代表处,其中,6 家分行已获准经营台资企业人民币业务。陆资银行也在台设立 2 家代表处和 2 家分行。下一步,两岸将进一步完善监管合作机制,交流监管经验,在《海峡两岸经济合作框架协议》(Economic Cooperation Framework Agreement, ECFA)框架下推动两岸银行业进一步开放。

(三)金融创新

2012 年,银监会鼓励银行业金融机构以“服务实体经济、转变发展方式、尊重市场规律、防范控制风险”为导向,开展金融创新,并强调在创新中规范和发展,既要为银行业开展金融创新提供良好的外部环境,又要注意坚守风险底线。

1. 产品和服务创新

银行业金融机构坚持服务实体经济的真实需求，从有利于拓宽融资渠道、有利于增加服务便利、有利于节约社会交易成本的角度，积极开展产品、业务创新和服务、技术创新，市场满足度不断提高。一是进一步创新和推广专营机构、信贷工厂、产业链金融等服务模式，开展林权、农村土地承包经营权、宅基地使用权和知识产权等抵质押担保方式试点，提高金融服务的可获得性；二是积极开展包括资产管理、兼并收购、咨询顾问等在内的综合性"一站式"金融服务，大力发展电子银行、银行卡等业务，提高金融服务的针对性和便捷度；三是注重金融创新与科技融合，强化自助设备、网点可视化系统等基础设施建设，优化客户体验。

吉林银监局探索土地收益保证贷款试点

土地收益保证贷款是用土地承包经营权流转的预期收益作为还款保证的一种融资方式。基本做法是农户等主体将一部分土地承包经营权流转给具有农业经营能力的物权融资农业发展公司，农业发展公司再将土地转包给借款人经营，同时向金融机构出具愿意承担连带保证责任的书面承诺，金融机构按照约定的贷款利率向借款人提供贷款。吉林银监局引导辖内银行业金融机构在3个县（市）开展了土地收益保证贷款试点。截至2012年底，共为1,177家农户发放贷款，其中用于养殖业的贷款占55.0%，用于种植业的贷款占25.4%，用于上学、购买运输机械和治病等消费类贷款占19.6%。

2. 管理创新

银行业金融机构积极开展管理创新，以加快发展方式转变，增强发展内生动力。一是创新管理理念。推进以客户为中心、以市场为导向的经营理念，优化组织结构、业务流程和内控体系，助力差异化、特色化发展战略。二是创新管理机制。优化经营目标和考核指标，改进绩效考核机制；完善创新管理、全面风险管理、流程管理等体系建设，提高运营效率。三是创新风险管控技术。针对传统业务领域，积极运用信息技术手段强化风险管控，针对新兴业务领域，强化风险识别、监测和控制，扫除风险管理盲区。

招商银行探索移动金融创新

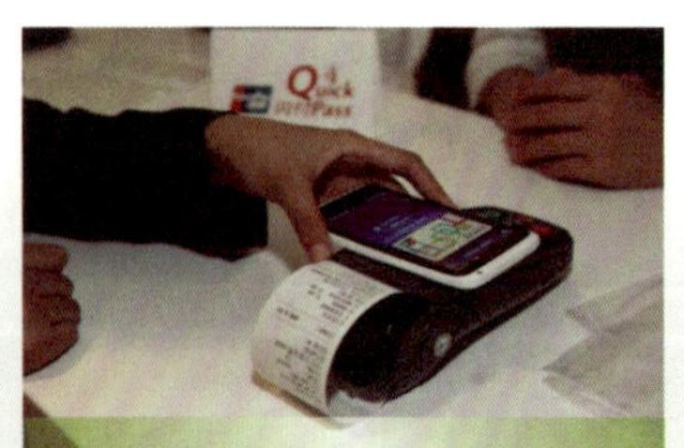

招商银行创新推出"手机钱包"移动支付产品，为消费者提供了与世界最新科技同步的移动支付体验。

交通银行推出远程智能柜台 iTM

交通银行推出远程智能柜台iTM服务，目前几乎所有的柜面业务都可通过iTM办理。

中国邮政储蓄银行电视银行

为满足社区居民尤其是中老年客户的需求，中国邮政储蓄银行建成了全国首家总行集中的电视银行。

3. 综合经营试点稳妥推进

以“风险可控”为前提，银行业金融机构稳步入股保险公司，设立金融租赁公司，有序开展综合经营试点工作。部分银行业金融机构经营范围涵盖了证券、基金、金融租赁、保险、信托等领域，综合金融服务能力明显提升。

4. 资产证券化试点有序开展

为深化金融市场发展，改善银行业金融机构资产负债结构，在认真总结前期信贷资产证券化试点实践经验的基础上，信贷资产证券化试点进一步扩大，规范要求进一步明确。截至2012年底，国家开发银行等7家银行业金融机构获批发行信贷资产证券化产品，财务公司也首次获批发行信贷资产证券化产品。

国家开发银行发行信贷资产证券化产品

2012年7月，银监会批准国家开发银行发行102亿元的信贷资产证券化产品，这是自2005年资产证券化业务开办以来规模最大的一单。此次成功发行不仅可以促进信贷资产证券化业务发展、丰富市场投资品种，而且有利于拓宽国家开发银行的融资渠道，防范长期和大额集中风险。

专栏8 银行理财产品

近几年，我国银行理财业务发展较快，在改善融资结构，引导民间资金流向，满足客户多样化金融服务需求，增加居民财产性收入，加快银行经营转型等方面发挥了重要作用。截至2012年底，全国共有233家银行业金融机构开展了理财业务，包括：国家开发银行、5家大型商业银行、12家股份制商业银行、89家城市商业银行、96家农村合作金融机构、29家外资银行及邮政储蓄银行。截至2012年底，银行业金融机构共存续理财产品32,152支，理财资金余额为7.10万亿元。

从产品销售渠道来看，一般个人理财产品余额占整体余额的62%，机构客户和私人银行客户专属产品分别占32%和6%。从产品收益类型来看，保证收益类、保本浮动收益类和非保本浮动收益类理财产品的余额分别占整体余额的10%、20%和70%。从理财资金投向来看，约有34%投向了债券和货币市场工具，21%投向了存款，30%投向了信贷类资产，11%投向了权益类资产，1%投向了金融衍生工具；投向代客境外理财产品、另类资产、其他类资产以及未投资头寸合计占比不足3%。

随着我国经济的平稳发展，居民财富的不断累积和理财意识的逐步提高，银行理财业务发展将进入稳定持续发展时期。银监会将持续加强监管，督促商业银行建立科学的风险管理体系，做好IT系统建设、信息披露、投资者教育等基础工作，在合规经营和严控风险的前提下，通过产品创新与服务升级满足客户全方位、个性化的理财服务需求，为投资者创造更多的财富。

专题1 鼓励和引导民间资本进入银行业

银监会始终坚持开放和鼓励态度，遵循科学审慎、公平公正、同等待遇的原则，鼓励和引导民间资本以参与商业银行IPO、增资扩股，农村信用社改制，发起设立村镇银行等多种形式进入金融服务领域。2012年，银监会进一步加强政策指导，不断完善相关制度办法，印发《关于鼓励和引导民间资本进入银行业的实施意见》，引导银行业金融机构加大对民间资本的引进力度，明确支持民间资本以多种方式进入银行业，包括支持民营企业参与商业银行增资扩股，参与农村信用社股份制改革，鼓励和引导民间资本参与城市商业银行、农村金融机构的重组改造，支持民营企业参与村镇银行发起设立或者增资扩股，并将村镇银行主发起行的最低持股比例由20%降低至15%。

截至2012年底，股份制商业银行和城市商业银行总股本中，民间资本占比分别为41%和54%。农村中小金融机构股本中，民间资本占比超过90%，其中，村镇银行股本中，民间资本占比为73.3%。全国262家非银行金融机构中，民间资本控股的非银行金融机构共有33家，包括10家信托公司、19家财务公司、3家金融租赁公司和1家汽车金融公司。

招商银行以流程再造为契机积极推进精细化管理

2012年，招商银行以提高资本、运营与管理效率为三大目标，全面启动以客户为中心的流程再造项目。一是系统规划组织体制与管控模式、跨部门主要业务流程、绩效考核、IT支持、领导力与企业文化，制定具体实施路径；二是加大流程优化与资源整合力度，深入推进批发、零售、风险、运营条线的流程优化；三是加强成本管控，推动管理会计在预算、考核、分析、监测中的应用，稳步推进异地机构财务集中核算，积极探索小微企业业务的低成本运营模式。

浙江辖内法人银行业金融机构民间资本占比近九成

近年来，浙江银监局积极鼓励民间资本参与农村合作金融机构股权改造、法人银行增资扩股和新设新型农村金融机构，辖内地方法人银行中民间资本占比持续上升。截至2012年底，浙江辖内164家地方法人银行业金融机构民间资本股本占比达87.81%，其中，农村中小金融机构、股份制商业银行、城市商业银行民间资本占比分别达到94.55%、83.17%和76.48%，有2家城市商业银行、89家农村中小金融机构为民间资本100%持股。

银监会系统职工摄影作品

银监会系统职工摄影作品

03 改进实体经济金融服务

· 重点领域金融服务
· 小微企业金融服务
· 农村金融服务
· 区域协调发展

2012 年，银监会引导银行业金融机构根植于实体经济，按照市场化原则配置金融资源，筑牢业务发展根基；提高服务水平，满足经济社会多样化金融需求，与实体经济共同成长。

（一）重点领域金融服务

2012 年，银行业金融机构合理安排信贷投向、优化信贷结构、提高信贷资金使用效率，有力支持了国家重点项目建设、绿色环保、产业升级、消费、外贸等重点领域。

1. 支持国家重点项目建设。及时跟踪项目规划和需求，积极满足国家铁路、公路、水利等重点基础设施项目的合理信贷需求。保障在建续建项目早完工，并尽快形成生产经营能力。组合运用银团贷款、债券、信托等多种融资模式，拓宽项目融资渠道。优先向专门从事保障性安居工程建设管理和融资的省级融资平台发放贷款，积极探索有效的保障性安居工程还款机制。截至 2012 年底，银行业金融机构保障性安居工程贷款余额为 6,655 亿元，比年初增长 43.0%。

海南银监局推动辖内银行业金融机构提升金融服务水平

2012 年，海南银监局鼓励辖内银行业金融机构利用海南省“项目建设年”这一机遇，积极为国际旅游岛建设提供金融服务，包括：指导银行业金融机构全面梳理并审慎评估海南省重大基础设施建设、旅游业发展建设、热带现代农业生产基地建设等 226 个重点项目，了解项目进展，跟进客户融资需求；指导和鼓励银行业金融机构加强区域间同业合作，通过银团贷款、结构化融资等整合同业资源，实现多赢。

2. 推进绿色信贷。2012 年，银监会印发《关于印发绿色信贷指引的通知》，完善绿色信贷统计制度和绿色信贷实施情况考核指标体系，梳理环境违法违规企业贷款情况并提示相关银行。银行业金融机构建立健全绿色信贷管理制度，将绿色信贷要求嵌入到信贷全流程管理中；创新绿色金融产品，大力支持绿色、低碳、循环经济，满足企业节能减排、升级改造等方面的信贷需求；严控“两高一剩”行业信贷风险，积极开展风险排查和化解。

3. 支持战略性新兴产业和文化产业发展。建立适应战略性新兴产业和文化产业特点的信用评级、评审和贷款管理制度，并在授信额度、抵押担保方式、利率定价等方面予以倾斜；利用知识产权质押、产业链融资等融资产品，满足战略性新兴产业和文化产业不同阶段、各个环节的融资需求；支持战略性新兴产业和文化产业“走出去”。

4. 提高消费金融和出口金融服务水平。深入挖掘城乡消费需求，有效增发各类银行卡、信用卡，推进信贷品种、期限、还款方式创新，加强与刺激消费有关政策的配合协调。组合运用多种贸易融资工具，帮助出口企业回笼货款，支持拥有自主品牌、核心技术的企业出口，通过发放境外贷款、内保外贷等方式支持企业“走出去”。

中国建设银行支持国家重点项目建设和传统产业升级

2012 年，中国建设银行围绕国家产业政策，抓住基础设施建设领域的发展机遇，支持拉日铁路、紫坪铺水利枢纽工程等国家重点项目建设的融资需求。严格控制对高能耗、高污染、产能过剩行业的信贷投放，对于该类行业客户贷款增加拨备计提，同时加大对属于绿色环保、节能减排项目的信贷支持力度，重点支持国家循环经济试点以及传统高耗能高污染企业的节能降耗技改项目。中国建设银行通过经济杠杆引导信贷资源合理配置，支持传统产业升级，产能过剩行业贷款余额持续下降。

中国建设银行积极支持西藏拉日铁路项目建设

兴业银行践行“赤道原则”，创新绿色金融

2012 年，兴业银行作为中国首家“赤道银行”，探索并实践“绿色金融”理念，成立可持续金融部，全方位统筹发展“绿色金融”业务；推出以项目未来收益权质押的合同能源管理融资业务，有效缓解节能服务公司融资担保难题；推出排污权综合金融服务，提供排污权交易、清算、抵押授信等一揽子产品与服务；与国际金融公司联合推出专项服务欠发达地区中小企业节能减排融资项目，有效破解欠发达地区中小企业节能减排融资难的问题。截至 2012 年底，兴业银行已累计为上千家企业提供绿色金融融资，支持的项目在中国境内年节约标准煤为 2,316 万吨，年减排二氧化碳为 6,683 万吨，年节水量为 25,579 万吨。

辽宁银监局引导辖内银行业金融机构支持装备制造业向高端转型

辽宁省是中国的老工业基地。2012 年，辽宁银监局通过多种形式优化银行信贷结构，支持高端装备制造业产业升级，促进区域经济结构优化和银行可持续发展。一是向辖内银行业金融机构传达产业政策，引导辖内银行业金融机构运用经济杠杆优化信贷资源配置；二是研判行业发展趋势，逐步降低对落后制造业的授信比重，通过整合授信审批流程等措施提高资金使用率，促进行业转型。2012 年，辖内银行业金融机构高端装备制造业贷款增速超过 20%，企业信息化、智能化水平大幅提升，技术创新能力不断增强。

上海浦东发展银行打造绿色信贷产品和服务体系

2012 年，上海浦东发展银行推出《绿创未来——绿色信贷综合服务方案 2.0》，涵盖绿色信贷五大板块，形成覆盖绿色产业链上下游的绿色信贷产品和服务体系。绿色信贷五大板块包括：为能源需求端提高能效服务的能效融资、为能源供应端清洁能源利用服务的清洁能源融资、为环境治理提供服务的环保金融、为碳排放权及减排量交易服务的碳金融和为绿色设备供应链制造商服务的绿色装备供应链融资。

北京银行积极支持文化产业

北京银行与企业共同推动景泰蓝这一传统工艺的传承与发展

（二）小微企业金融服务

2012 年，银监会深入推动落实《关于支持商业银行进一步改进小企业金融服务的通知》及其补充通知要求，引导银行业金融机构坚持专业服务、商业持续、合作联动和标杆示范四个导向，实现了小微企业金融服务持续升级。

1. 专业服务导向，引导各类银行业金融机构发挥比较优势，合力强化小微企业金融服务。大型商业银行进一步发挥网点、人力和技术优势服务小微企业，中小商业银行结合自身战略转型，改进小微企业金融服务，农村中小金融机构重点支持涉农小微企业，外资银行引入和借鉴母行在服务小微企业方面的服务理念与风险管理经验，非银行金融机构发挥其民间资金和实体经济之间的桥梁作用。

2. 商业持续导向，引导银行业金融机构创新支持理念。在商业可持续和风险可控的前提下，帮助暂时遇到困难但长期前景较好的小微企业渡过难关；积极创新业务产品和服务渠道，由单纯提供融资服务逐步转向提供集融资、结算、理财、咨询等于一体的高附加值综合性金融服务，实现银行发展与小微企业成长的良性互动。

3. 合作联动导向，会同多方联合改善小微企业金融服务环境。推动落实改进各项财政贴息、税收优惠和费用补贴政策；推动各地财政主导建立小微企业贷款风险分担和补偿机制，构建小微企业征信和信用担保体系；推动各地建立多种形式的银企、银政交流平台，增进信息共享。

外资银行助力小微企业

2012 年，渣打银行（中国）有限公司和东亚银行（中国）有限公司在北京、上海、广州、杭州、重庆 5 个城市设立了 9 家外资小微企业专营支行。通过整合产品线，积极提供小额无抵押贷款、供应链融资、机器设备贷款、小企业主融资等特色产品，协助小微企业改善现金流管理，支持小微企业的运营和成长。

4. 标杆示范导向，全面推进引导示范工作。组织开展银行业金融机构小微企业金融服务评优表彰活动。以“促小微，惠民生，强服务，兴百业”为主题，在全国范围内组织开展“中国银行业小微企业金融服务宣传月暨成就展”活动，集中展示银行业深化小微企业金融服务的工作实践，取得良好的社会反响。

截至2012年底，全国用于小微企业贷款（包括小型微型企业贷款、个体工商户贷款和小微企业主贷款）余额为14.77万亿元，占全部贷款余额的21.95%，比年初增加2.43万亿元，增速19.73%，比各项贷款平均增速高4.09个百分点。其中，超过80%的小微企业贷款投向了制造业、批发零售业等实体经济支柱产业和民生领域。同时，银监会已批复30多家商业银行的小微企业专项金融债发行申请，合计约为4,000亿元，专门支持小微企业。

北京银监局支持科技型中小企业发展

北京银监局组织指导辖内银行业金融机构完善中关村服务网点体系建设和专营机制，更好地支持科技型中小企业发展；举办“北京地区外资银行服务中关村国家科技金融创新中心建设活动”，引领外资银行重视和加强中关村科技金融服务；建立北京银行业支持示范区建设统计制度，对中关村近1.6万家科技企业贷款情况进行统计分析。截至2012年底，中关村银行网点已增至673个，其中专营机构80余家，专门服务于中关村科技企业的分行2家。中关村企业贷款同比增长18.32%，高于各项贷款平均增速6.08个百分点。

乐山市商业银行打造专业化小微企业金融服务

2012年，乐山市商业银行通过建立专业机构、创新专业产品、提供专业服务等方式，积极探索以专业化为特色的小微企业金融服务模式。如，眉山分行环湖路支行围绕眉山传统泡菜产业，发挥食品商会作用，深入调查泡菜企业发展情况，对泡菜企业实行分梯队信贷管理，被喻为“泡菜支行”。同时，积极推动建立政府、行业协会、企业和银行联动的外部机制，服务对象从单个小微企业转变为一批产业关联、地域相近、合作紧密的小微企业客户群，实现了专业化的集中式、批发式金融服务。

福建银监局细化小微企业金融服务差异化监管政策

2012年，福建银监局引导银行业金融机构在商业可持续的前提下，开展机制、机构、产品和服务创新，单列小微企业信贷计划，适当提高小微企业不良贷款容忍度，向县域延伸设立营业网点，鼓励地方法人银行发行小微企业贷款专项金融债。此外，福建银监局推动政府建立小微企业贷款风险补偿金，尝试建立政银企损失分担机制。截至2012年底，辖内银行业金融机构小微企业贷款占全部企业贷款35.05%。

江西银监局积极引导银行业金融机构开展小微企业金融服务

2012年，江西银监局举办江西省“百园千企”政银企对接活动，参与建立江西省小微企业网上融资交易平台——“网络金融融资超市”，实现银企对接的常态化和融资服务的便利化、快捷化。截至2012年底，为3,252个小微企业项目提供授信，融资需求满足率达93.77%；小微企业贷款余额比年初增长29.42%，高于同期辖内银行业金融机构各项贷款平均增速10.3个百分点。

（三）农村金融服务

2012年，银监会引导银行业金融机构完善支农机制，加大支农力度，支持“三农”发展重点领域，扩大金融服务覆盖面，持续提升农村金融服务的满意度。

周慕冰副主席在云南调研

1. 提升农村金融服务质量。启动实施“金融服务进村入社区”、“阳光信贷”和“富民惠农金融创新”三大工程，提升“三农”金融服务的便利度、透明度和契合度，有效缓解农民贷款难问题；鼓励银行业金融机构改进对新型农民合作组织的金融服务，激发农村生产要素潜能，探索扩大可用于担保的财产范围，创新符合法律规定和实际需要的抵质押贷款品种；开展“双百竞赛”，评比贡献突出的集体和个人，促进经验交流。

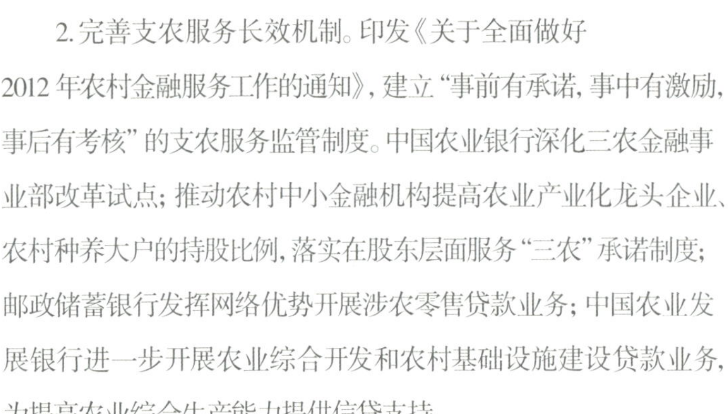

2. 完善支农服务长效机制。印发《关于全面做好2012年农村金融服务工作的通知》，建立“事前有承诺，事中有激励，事后有考核”的支农服务监管制度。中国农业银行深化三农金融事业部改革试点；推动农村中小金融机构提高农业产业化龙头企业、农村种养大户的持股比例，落实在股东层面服务“三农”承诺制度；邮政储蓄银行发挥网络优势开展涉农零售贷款业务；中国农业发展银行进一步开展农业综合开发和农村基础设施建设贷款业务，为提高农业综合生产能力提供信贷支持。

3. 扩大农村金融服务覆盖面。印发《关于做好老少边穷地区农村金融服务工作有关事项的通知》，明确对老少边穷地区在信贷投放、网点建设、金融创新等方面的差异化政策，加快提高薄弱地区金融服务水平。严格落实村镇银行区域挂钩政策，提高中西部挂钩比例，督促其向乡镇延伸服务网点。要求银行业金融机构继续巩固和扩大乡镇基础金融服务成果，在尚不具备设立标准化网点条件的乡镇，优化多种形式的简易便民服务；在已实现机构网点和服务覆盖的乡镇，继续提高金融服务的充分性和多样性；在乡镇以下农村地区充分利用科技手段做好延伸服务。

截至2012年底，银行业金融机构涉农贷款余额为17.6万亿元，占全部贷款的26.2%，同比增长20.7%，高于各项贷款平均增速5.6个百分点，涉农信贷投放力度不断加大。

农村金融服务帮助西藏农牧民走上致富路

西藏银监局引领当地银行业始终把“三农”金融服务放在首位。2012年，西藏银行业共发放涉农贷款90.65亿元，农户贷款覆盖面达90%。2,000多名基层银行员工常年跋涉在青藏高原大山深处，与风雪共舞，邀白云对歌，“走村串户”开展流动金融服务。2012年，西藏农牧民人均纯收入同比增长15.1%，高出全国平均水平5.2个百分点，遍布西藏农牧区的中国农业银行机构被广大农牧民群众誉为“脱贫的血液、致富的桥梁”。

专题 2 全面启动实施"三大工程"

2012 年，结合农村金融发展的新形势、新需求，银监会全面启动实施"金融服务进村入社区"、"阳光信贷"和"富民惠农金融创新"三大工程。

1. 金融服务进村入社区工程。引导农村中小金融机构健全服务网络，创新服务手段，推动农村金融服务向乡村和社区延伸，提高网点覆盖率和服务便利度。具体包括：重点加大乡镇及以下金融网点布设力度，多种形式开展定时定点或流动服务，广泛布设金融电子机具和推广自助服务终端，提升银行卡应用水平，加大网上银行、手机银行、电话银行等现代支付结算渠道的推广应用，加强银行业金融机构与村委会、社区服务中心等农村基层组织的合作，进一步推进面向农村金融消费者的金融知识宣传与教育等。

2. 阳光信贷工程。通过实行信贷过程公开化管理，提高信贷业务透明度，促进信贷管理规范化。一是推行公示制度，主动公示贷款种类、条件、流程、信贷人员信息及监督方式等；二是开展社会评议，按村组成评议小组，吸收威望高、情况熟的村民代表参与授信评议；三是实行阳光操作，推行"首问负责制"、"一次性告知制"、"一站式服务"等操作模式；四是承诺办理时限，业务各环节均要合理确定办结时间并及时告知客户，不符合受理条件的要在限定时间内说明原因；五是公开定价标准，公开贷款利率定价方法和各项优惠政策，严格遵守"七不准"相关规定；六是强化社会监督，通过选聘群众代表担任阳光信贷监督员等方式，监督违规和不作为行为。

3. 富民惠农金融创新工程。顺应农村金融市场竞争格局和服务需求变化，积极创新符合农村经济特点的金融服务产品，持续满足多元化、多层次的农村金融服务需求。具体内容包括：在理念、组织、产品、担保方式、商业模式、业务流程、服务渠道、信用体系建设八个方面积极开展创新。如，在产品创新上，扩大小额信用贷款和联保贷款覆盖面；围绕地方支柱行业、特色产业开发产业链信贷产品；开发促进农民专业合作社发展的信贷产品；开发适合农村客户需要的结算工具等。在担保方式创新上，提出鼓励将产权归属清晰的各类资产作为贷款抵质押物，鼓励以政府资金为主体设立的各类担保机构为涉农业务提供融资担保。

安徽银监局推动金寨县农村金融综合改革初显成效

2012 年，安徽银监局在金寨县开展农村金融综合改革试点。启动以来，金寨县银行体系建设步伐明显加快，金寨农村商业银行已挂牌开业，设立村镇银行已获备案同意，新设银行分支机构 3 个，金融服务室（站）和助农取款点从改革前的 81 个增加到 328 个。信贷投放总量显著增加，截至 2012 年底，金寨县各项贷款余额较改革前增长 15.5%，同比多增 4.64 亿元；涉农贷款较改革前增加 15%，同比多增 2.63 亿元。

农村金融服务的"贵州经验"

为解决贵州边远农村金融服务缺失问题，贵州银监局提出消灭农村金融服务空白点，在经济交通条件较好的乡镇新设金融机构固定网点，在交通较好的乡镇每周安排到约定地点提供定时定点金融服务，在经济交通条件较差的乡镇安装 ATM 和 POS 机，便于农民用银行卡取现购物消费；首创"农民工金融服务中心"模式，截至 2012 年底，已推动辖内银行业金融机构在北京、浙江、江苏等省市累计设立 11 个服务点，为农民工提供延伸性金融服务。

专栏 9 积极稳妥培育发展村镇银行

2012 年，银监会按照面向“三农”、激活市场、风险可控和商业可持续的原则，坚持培育发展与防范风险并举，稳步推进村镇银行培育工作。一是加强准入，完善挂钩政策，将东西挂钩比例提高一倍，对老少边穷地区组建村镇银行实施挂钩优惠政策；二是从市场定位、公司治理、风险处置、主发起行履职、联动监管、数据质量等方面加强对村镇银行的风险监管。

目前，村镇银行机构数量初具规模，地域布局较为合理，经营管理日趋完善，服务创新渐具特色，逐步发展成为服务“三农”和小微企业的新生力量。截至 2012 年底，全国共组建村镇银行 876 家（其中，开业 800 家，筹建 76 家），比 2011 年底增加 150 家，中西部地区机构占比 61.2%。福建、江西等地区原中央苏区县（市）基本实现了村镇银行全覆盖。已开业村镇银行资产总额为 4,343 亿元，贷款余额为 2,330 亿元，其中农户和小微企业贷款余额合计占 84%。

中国农业银行积极探索集约化服务“三农”模式

2012 年，中国农业银行探索出多种集约化服务“三农”的有效模式。一是龙头企业带动模式。借助“公司 + 农户”等方式，为农村全产业链提供综合金融服务。截至 2012 年底，对国家级、省级龙头企业服务覆盖率分别达 81.7% 和 57.4%。二是商业渠道带动模式。如，支持企业建设农产品生产基地、物流配送园和连锁门店，成为当地打造农产品进城和工业品下乡的主要平台，惠及 13 个市（县）逾千万人口。三是特色农业带动模式。如，向福建安溪茶产业链提供信贷支持，满足整个茶产业链条的资金需求，带动茶农、茶商、茶企多方共同发展。四是大型市场带动模式。如，支持河北白沟箱包市场内商户及上下游中小企业，带动周边 5 个县（市）近百万农民致富。

黑龙江银监局积极推进支农金融服务，促进现代农业发展

黑龙江省是全国主要农业大省。黑龙江银监局引导辖内银行业金融机构研发完善牲畜、大宗农产品、原材料、产成品等财产或权利抵质押贷款业务，探索开办农村房屋、宅基地、林权、土地承包经营权抵押贷款业务，创新引入“公司 + 基地 + 农户”、“协会 + 农户”、“专业合作社 + 农户”等多种贷款模式，拓宽对现代农业企业和农业产业链小微企业的信贷渠道。截至 2012 年底，全省银行业金融机构 40% 的信贷投向农业。

青海银监局推动农村金融服务均等化建设

2012 年，青海银监局着力解决金融机构空白乡镇金融服务缺失等问题。全年在农牧区增设网点 6 个，累计在偏远乡镇设立助农取款服务点 182 个，布设 ATM 机 142 台、POS 机 1,894 部，发放富农卡 3.9 万张，金融机构乡镇网点覆盖率不断提高，实现了全省农牧区金融服务全覆盖。

（四）区域协调发展

2012 年，银监会引导银行业金融机构积极改善经济落后地区与发达地区之间信贷资源分配失衡的状况。一是培育和完善中西部地区金融体系，鼓励不同类型金融机构发挥比较优势，提高金融服务的可获得性；二是中西部地区分支机构执行有针对性的优惠信贷政策，包括信贷规模倾斜、降低准入门槛、提高基层机构授权、简化审批程序、差异化绩效考核、灵活掌握风险容忍度等；三是积极介入中西部地区经济开发区、产业集聚区、灾后重建区等重点区域及重点项目建设，同时持续加强对保障性安居工程、消费信贷等民生领域的信贷支持力度，促进中西部地区经济社会同步发展；四是推动出台有利于中西部基层分支机构发展的财税优惠政策。

甘肃银监局指导辖内银行业金融机构服务兰州新区建设

2012 年，兰州新区获国务院批准，成为第五个国家级新区。面对兰州新区建设所带来的新的金融需求，甘肃银监局指导辖内银行业金融机构抓住市场机遇，及时了解跟进新区基础设施和重大项目建设情况，审慎进行项目分析，落实客户需求；通过实施差异监管、健全正向监管激励机制等措施鼓励银行业金融机构深化金融创新，拓宽融资渠道，开展银团贷款，提升新区金融服务水平，构建强有力的金融支持体系。

截至 2012 年底，银行业金融机构中西部地区贷款余额同比增速较东部地区高 4.1 个百分点。全国各省、直辖市、自治区贷款增速前 10 名分别为西藏（62.3%）、青海（28.1%）、新疆（27.0%）、甘肃（25.5%）、海南（21.8%）、贵州（21.4%）、江西（19.1%）、安徽（18.7%）、重庆（18.2%）、福建（18.1%），大部分位于中西部地区。

国家开发银行积极支持区域协调发展

国家开发银行发挥中长期投融资优势，助推区域协调发展。2012 年，国家开发银行重点支持两江新区、西咸新区、兰州新区与贵安新区等重点城市新区建设，支持广西东兴、云南瑞丽、内蒙古满洲里等重点开发开放试验区建设。截至 2012 年底，中西部新增贷款和东北老工业基地新增贷款分别占新增贷款总量的 53% 和 12%。

内蒙古银监局支持草原生态建设

内蒙古银监局推动银行业支持草原生态建设取得突破性进展。截至 2012 年底，全区草原生态保护建设贷款参与建设生态草场项目 2,640 多个，保护草原 130 万亩。

专栏 10 银行业支持西藏、新疆、东北地区发展成效显著

2012 年，西藏、新疆、东北地区银行业体系不断完善，金融可获得性进一步提高。西藏银行（地方法人银行）挂牌营业，西藏地区全年批复新设分支机构 35 个，完成迁址、改造银行网点 86 个，新建自助银行 75 个，设存取款一体机 145 台；新疆地区全年新设分行 6 家，新设支行及支行以下营业网点 57 个；东北地区全年新设股份制商业银行分行 11 家、外资银行分行 2 家，地方法人银行积极下沉网点，农村金融机构改革和新型农村金融机构设立工作加速推进。

加大支持重点项目、重点区域的力度。截至 2012 年底，新疆银行业利用银团贷款等形式，对水利、铁路、疆电外送、天然气生产运输等重点项目已发放贷款 129.60 亿元；银监会联合中国人民银行、证监会、保监会印发《关于金融支持喀什霍尔果斯经济开发区建设的意见》（银发〔2012〕239 号），金融推进喀什、霍尔果斯经济开发区建设工作开始启动，东北地区装备制造业等重点产业及辽宁沿海经济带等产业集聚区信贷业务快速发展。

加速“三农”、小微企业等薄弱环节的金融供给。截至 2012 年底，新疆银行业金融机构涉农贷款余额为 3,878.30 亿元，比年初增长 25.26%；西藏银行业小微企业贷款余额为 101.63 亿元，比年初增长 76.17%，占企业贷款的 23.83%；东北地区用于小微企业的贷款余额超过 1 万亿元。

截至 2012 年底，西藏地区各项贷款余额为 664.05 亿元，比年初增加 254.99 亿元；新疆地区各项贷款余额为 8,385.98 亿元，比年初增加 1,779.73 亿元。

西藏第一家地方性法人银行——西藏银行开业

2012 年 5 月，西藏银行正式开业。自开业以来，西藏银行围绕“立足西藏、服务西藏”的经营宗旨，与西藏自治区工商联、中国进出口银行成都分行、中国建设银行西藏分行等签订战略合作协议，拓宽合作渠道；结合西藏实际，贷款重点投向基础设施建设、农牧业、旅游、民族特色产业、民生工程等领域；探索对小微企业和个人消费贷款的支持模式，研发适销对路的信贷产品；开办同业存放、票据等业务，丰富资金运用渠道，不断提升盈利能力；突出地方银行特色，启动藏汉双语服务；稳步推进分行、支行网点建设布局，增强基层金融服务能力。

西藏银行员工着民族服装上岗

银监会系统职工摄影作品

银监会系统职工摄影作品

04 审慎监管

- 公司治理与内部控制
- 资本监管
- 信用风险监管
- 流动性风险监管
- 操作风险监管
- 信息科技风险监管
- 市场风险监管
- 国别风险监管
- 声誉风险监管
- 融资性担保业务工作
- 打击和处置非法集资工作

（一）公司治理与内部控制

2012年，银监会从优化股权结构、强化履职评价、完善绩效考核、改进内部控制等方面，进一步推进银行业金融机构完善公司治理，健全组织架构，明确发展战略，优化激励约束机制，提高风险管控水平。

郭利根副主席走访中国民生银行

1. 优化股权结构

严格商业银行股东审核标准，引导民间资本进入银行业，优化股权结构。加强商业银行股权管理，督促控股股东履行长期承诺和持续注资责任，严控关联交易，规范股东行为。

2. 加强履职评价

持续推动商业银行优化董事会与高级管理层结构，提高决策水平和履职有效性，并将履职评价作为任职资格管理的有机组成部分，持续监管董事和高级管理人员的履职尽责情况。印发《商业银行监事会工作指引》，进一步规范监事会的组织和行为，提高监事会工作的独立性、权威性和有效性。

3. 完善绩效考核

印发《银行业金融机构绩效考评监管指引》，要求银行业金融机构制定稳健的绩效考评目标，完善绩效考评机制，促进银行业合规经营和有序竞争，维护良好市场秩序。督促部分商业银行着力解决薪酬结构不合理、执行延期支付不到位、派遣制员工薪酬不合理等问题，提升激励约束机制的有效性。支持商业银行建立价值导向绩效体系，逐步推广并有效运用经济增加值、风险调整后收益率等先进管理工具，开展业务、产品、行业和客户等多维度考核。

上海银监局探索构建机构、风险、产品维度有机结合的监管治理架构

上海银监局在以机构维度监管为主的基础上，探索建立机构维度、风险维度、产品维度"三维一体"的监管治理架构。风险维度方面，对信用风险、合规风险等七类风险开展监测，并对重点风险进行评估和压力测试；产品维度方面，加强对理财产品、衍生品等六类银行新兴产品和商业模式的监测分析，创新推出产品风险告知机制等四项银行新产品监管工作机制，在审慎监管基础上尝试开展行为监管。目前，机构维度、风险维度和产品维度监管的互相协同关系已初见成效。

4. 改进内部控制建设

组织监管会谈，传导监管政策，督促商业银行提高内部控制管理水平。指导商业银行在贷款分类、理财产品代销等领域开展自查。对农村中小金融机构新发放贷款合规性、主要监管指标真实性开展现场检查。对新转制外资法人银行的公司治理和内部控制情况实施专项检查。

河南银监局以合规建设推进规范经营

2012 年，河南银监局深入开展合规建设提升年活动，实行合规监管、合规管理、合规操作层层责任承诺机制，辖内 17 万余名银行业从业人员对自身合规责任做出了庄严承诺。在此基础上，建立日常合规操作情况定期评价制度，组织全员进行合规操作技能培训；开展银行业金融机构合规建设大讨论、合规从业警示教育等活动，实施合规建设好建议、金点子奖励制度；全面修订违规问责制度，加大对违规行为的处罚力度。

（二）资本监管

2012 年，银监会按照第三版巴塞尔协议的新要求，完善资本监管制度；同时，以推进银行业金融机构实施新资本协议为契机，督促商业银行转变发展方式，提高银行体系稳健性。一是印发《商业银行资本管理办法（试行）》，并于 2013 年 1 月 1 日起正式实施；二是印发《商业银行实施资本管理高级方法监管暂行细则》，对 5 家大型商业银行和招商银行实施高级方法开展复评验收工作；三是印发《关于商业银行资本工具创新的指导意见》和《关于实施<商业银行资本管理办法（试行）>过渡期安排相关事项的通知》，稳步推进实施相关工作有序开展（见表 3）；四是开发有关监管报表体系，组织编发相应培训教材和释义性文件，并对银行业金融机构开展全方位培训，扎实做好实施配套工作；五是积极做好巴塞尔银行监管委员会关于新监管标准的国别评估相关准备工作。

同时，鼓励商业银行通过加大利润留存，不断增强内生资本补充能力。鼓励通过配股，非公开增发，发行次级债、可转债及混合资本债等，拓宽商业银行资本补充渠道，稳妥推进多渠道资本补充机制建设。在审核商业银行资本补充申请时，要求其提交科学合理的资本补充规划，从准入关口严把资本质量关，进一步夯实资本基础，增强可持续发展动力。

表 3 过渡期内分年度资本充足率要求

单位：百分比

银行类别	项目	2013 年底	2014 年底	2015 年底	2016 年底	2017 年底	2018 年底
系统重要性银行	核心一级资本充足率	6.5	6.9	7.3	7.7	8.1	8.5
	一级资本充足率	7.5	7.9	8.3	8.7	9.1	9.5
	资本充足率	9.5	9.9	10.3	10.7	11.1	11.5
其他银行	核心一级资本充足率	5.5	5.9	6.3	6.7	7.1	7.5
	一级资本充足率	6.5	6.9	7.3	7.7	8.1	8.5
	资本充足率	8.5	8.9	9.3	9.7	10.1	10.5

江苏银监局推进农村商业银行实施内部评级法

2012年，江苏银监局指导苏南8家农村商业银行联合实施内部评级法，并将其作为推动苏南农村商业银行转型升级的突破口。截至2012年底，苏南8家农村商业银行已完成合作协议和文件签署等基础性工作，建立数据共享机制，基本完成信用风险暴露敞口分析，初步完成新资本协议规划项目招标和非零售内部评级咨询项目招标文件起草工作。

中信银行发行200亿元次级债

2012年，为进一步充实资本、改善资本结构，中信银行引入全国社保基金作为投资者，首开全国社保基金持有股份制商业银行次级债先河，进一步拓展了资金来源。2012年6月完成200亿元次级债发行工作后，中信银行资本充足率提高1.18个百分点，为中信银行实施发展战略和强化经营管理奠定了资本基础。

专题3《商业银行资本管理办法（试行）》

银监会积极借鉴以第三版巴塞尔协议为核心的国际监管新标准，基于国内银行业改革发展和监管实际，构建面向未来、符合国情、与国际标准接轨的银行业监管框架。2012年6月，银监会印发《商业银行资本管理办法（试行）》。至此，我国银行业实施新资本监管标准的规制建设基本完成。

一是建立统一配套的资本充足率监管体系，明确四个层次资本监管要求。正常时期系统重要性银行和非系统重要性银行资本充足率监管要求分别为11.5%和10.5%，与国内现行监管要求保持一致。二是严格明确各类资本工具的合格标准，提高资本工具的损失吸收能力。三是扩大资本覆盖风险范围。除信用风险和市场风险外，将操作风险也纳入资本监管框架，明确资产证券化、场外衍生品等复杂交易性业务的资本监管规则。四是强调科学分类、差异监管，根据资本充足率水平将商业银行分为4类，明确对各类银行的相应监管措施，提升资本约束的有效性。同时，按照审慎性原则重新设计各类资产的风险权重，调整小微企业贷款和个人贷款的风险权重，引导商业银行扩大小微企业贷款和个人贷款投放，更有效地服务实体经济，适度上调商业银行同业债权的风险权重。五是合理安排资本充足率达标过渡期，要求商业银行在2018年底前全面达到新监管要求，并鼓励有条件的银行提前达标。

《商业银行资本管理办法（试行）》的发布，不仅是我国实施银行业新监管标准、履行国际义务的必然选择，也是推动商业银行提升风险管理水平、增进金融体系安全稳健程度的主动选择。该办法的实施有利于促进商业银行转变以“规模和速度”为主导的发展模式，走内涵式集约化的发展道路，增强银行体系应对外部负面冲击的能力，防范重大系统性风险，提升银行体系有效服务实体经济发展的能力。

（三）信用风险监管

1. 地方政府融资平台贷款清理规范

2012 年，银监会按照“总量控制、分类管理、区别对待、逐步化解”的政策要求，以缓释风险为目标，以降旧控新为重点，推进融资平台贷款清理工作。融资平台贷款总体风险得到控制，结构得到优化。

（1）严格监控，及时化解到期风险。督促银行业金融机构加强融资平台贷款和非贷款融资的全口径风险监测，防止风险转移和隐匿。分户排列到期融资平台贷款清单，提请地方政府及早制订偿还计划，落实还款来源，防止重大违约事件的发生。

（2）分类处置，切实缓释存量风险。督促银行业金融机构根据存量融资平台贷款不同的还本付息能力采取及时收贷、收回再贷、据实定贷、引资还贷、只收不贷等方式进行处置，缓释风险。

（3）有保有压，有效控制新增贷款。督促银行业金融机构按照“保在建、压重建、控新建”要求，严格信贷准入标准和放贷条件。在融资平台贷款余额总量不增加的前提下，支持符合条件的地方政府融资平台和国家重点在建续建项目的合理融资需求。

（4）审慎退出，加强退后动态管理。严格实施融资平台贷款转为一般公司贷款的退出管理，按季对融资平台退出程序、贷款到期违约情况、新增贷款合规情况、问题贷款整改情况等进行跟踪审核，审慎评估退出类融资平台贷款风险，督促严格按照商业化原则加强风险管控。

（5）完善制度，强化贷款分类管理。督促银行业金融机构在原有“名单制”管理的基础上，对融资平台贷款按照“支持类、维持类、压缩类”分类，并作为信贷决策的依据。同时，督促总行加强对融资平台贷款的集中审批和管理，加强支付监督，防止贷款挪用。

2. 房地产贷款风险监管

2012 年，银监会认真落实房地产宏观调控政策，严格执行差别化房贷政策，严密布防房地产信贷风险，总体风险有所缓释。

（1）强化风控督导。通过每季度经济金融形势通报会、监管约谈、风险提示等形式，对房地产开发贷款、个人住房贷款、房地产信托等及时提出监管要求，持续督导银行业金融机构加强风险防控。

（2）做好监测分析。在原有的非现场监管系统基础上，建立房地产贷款风险监测制度，从主要银行业金融机构和主要大中城市两个维度，细化监测指标，全面监测分析房地产贷款风险，及早发现风险隐患。

（3）加强监督检查。银监会各监管部门及派出机构全面加强对银行业金融机构差别化信贷政策执行情况的督促检查，督促银行业金融机构配合各级政府认真落实国家宏观调控政策，严格房地产信贷管理，实施房地产贷款全流程监控。

四川银监局推动地方政府融资平台偿债基金建设

2012 年，四川银监局积极推动成都、北川等地建立地方政府融资平台专项偿债基金统筹还款。如，北川县政府每年从县财政预算中安排 2,000 万元资金进入偿债基金专户，另每年从本年度土地出让净收益中提取 15%，从处置国有资产收入本级财政净收益中提取 10%，从平台公司的投资净收益中提取 25%，专项用于偿债基金。

大连银监局构建房地产风险动态监测体系

大连银监局将风险监测触角前移至房地产一线市场，风险监测体系包含 8 张报表 336 个指标，全面覆盖房地产开发企业、土地储备机构、经营性物业、个人住房授信和房地产信托等业务。定期跟踪市场供销、楼盘项目、建设和销售进度等业务流变化情况，强化对资金流压力程度的分析研判。同时，与重点银行业金融机构建立联系制度，按季开展房地产市场座谈研究，动态掌握市场和风险变化情况。2012 年，对辖内 95 户、304.19 亿元、占比 47%的房地产开发贷款进行了风险提示，房地产贷款不良贷款率控制在 0.7%的较低水平。

3. 集中度风险监管

2012 年，银监会继续督促银行业金融机构降低集中度风险。严格设定行业授信集中度监管要求，督促超标银行业金融机构明确达标期限，制订专项风险化解方案，推进集中度风险化解，各项工作取得明显成效，中小商业银行授信集中度风险状况得到明显改善。截至 2012 年底，商业银行平均单一客户贷款集中度持续下降至 4.58%，处于集中度监管“红线”之内。

4. 表外业务风险监管

2012 年，银监会全面防控表外业务风险，加强对理财、信贷资产转让、同业代付等表外业务的监管，继续规范跨业合作业务，全面整顿票据违规问题，严防监管套利和风险传递，督促商业银行加强统一授信管理，按照业务的经济实质对表外业务进行会计核算，按风险实质计提拨备和资本。

（1）及时深入研究同业代付业务发展不规范问题，印发规范同业代付业务管理的相关文件，强调同业代付业务的真实贸易背景、真实受托支付、真实会计记录，并要求将该业务全面纳入银行风险管理体系之中。

（2）对于银信、银证、银基、银保等跨业合作业务，督促商业银行严格审查合作者的资信实力、资金去向和风控措施，建立风险"防火墙"和风险代偿机制，防止风险转移到银行表内，防止银行业金融机构通过不当金融创新进行监管套利。

（3）严格监管理财产品设计、销售和资金投向，严禁未经授权销售理财产品，严禁误导消费者购买理财产品。组织开展对部分商业银行理财、信贷资产转让等表外业务的现场检查，基本完成银信理财合作业务从表外转入表内的工作，及时叫停信托公司同业存款和票据信托业务。

（4）认真做好票据业务经营风险防范工作，从授权管理、贸易背景审查、保证金管理和业绩考核等方面对商业银行票据业务进行规范，防止部分商业银行将票据业务异化为监管套利工具。

专栏 11 商业银行不良贷款情况

2012 年，我国商业银行不良贷款余额有所反弹，但资产质量总体稳定、风险可控。截至 2012 年底，商业银行不良贷款余额为 4,929 亿元，比年初增加 647 亿元；不良贷款率为 0.95%，与年初基本持平。不良贷款增加集中在部分地区和行业，没有出现全国大范围反弹。

总体来看，不良贷款风险可控。一方面，不良贷款总量有限且上升较为缓慢。商业银行不良贷款率 1% 左右，与全球主要经济体相比仍处在较低水平。另一方面，银行业风险抵御能力较强。银监会持续实施逆周期监管，确保银行业有充足的资本和准备金缓冲，以应对可能发生的信贷损失。

专栏 12 加强重点领域行业风险监测严防外部风险传染

2012 年，受国际金融危机和欧洲主权债务危机影响，部分地区经济增速下滑，部分行业经营风险加大。银监会强化对重点区域、重点行业的风险监测，严防影子银行、民间融资和非法集资等风险向银行体系传染渗透，禁止银行业金融机构为影子银行放大杠杆提供融资，禁止银行业金融机构及员工参与民间融资，禁止银行客户转借贷款资金。

按照金融稳定理事会的定义，影子银行是指游离于银行监管体系之外、可能引发系统性风险和监管套利等问题的信用中介体系（包括各类相关机构和业务活动）。影子银行引发系统性风险的因素主要包括四个方面：期限错配、流动性转换、信用转换和高杠杆。银监会高度关注影子银行问题，积极采取措施防范银行体系外风险向体系内传导。从实践看，我国绝大部分的信用中介机构都已纳入监管体系，并受到严格监管，银监会所监管的六类非银行金融机构及其业务、商业银行理财等表外业务不属于影子银行。

（四）流动性风险监管

2012年，银监会研究完善流动性风险管理办法，加强商业银行流动性风险监测和管控。进一步优化流动性风险监测指标体系，重点加强对流动性覆盖率和净稳定融资比例等新指标和日均存贷比的监测分析。

督促商业银行强化日常资金头寸匡算与预测，改进资金管理应急预案，定期组织开展压力测试。引导商业银行合理调控资产规模，妥善把握风险与效益的平衡，保持适当的备付率水平。

要求商业银行加强主动负债管理，拓展资金来源渠道，合理把握负债业务的节奏，防止月末、季末存款冲时点和频繁波动。

厦门银监局建立防控企业资金链断裂风险的长效机制

2012年，厦门银监局采取一系列措施，推动建立辖内企业资金链断裂风险防范机制：成立企业资金链断裂风险应急工作领导小组，指导辖内银行业金融机构协商解决金融债权保全事项，防止单家银行业金融机构信息不对称、恐慌抽贷引发连锁反应；设立小微企业还贷应急专项资金，为小微企业按期还贷续贷提供短期垫资服务；充实小微企业信贷风险专项资金，用于补偿银行业金融机构对小微企业免抵押、免担保贷款产生的风险；筹建政策性担保公司，推动建立统一征信平台。

（五）操作风险监管

2012年，银监会着力推进操作风险监管和案件防控长效机制建设，继续保持案件防控高压态势，案件防控主动性明显增强。

结合《商业银行资本管理办法（试行）》，推动商业银行改进操作风险资本计量方法，创新操作风险管理工具。强化重点领域案件风险防控。落实轮岗、对账及内审有关要求，严防柜台违规行为，组织开展商业银行从业人员行为规范和职业操守排查。组织修订银行业案件定义及案件分类口径，细化案件（风险）迟报瞒报问责要求。注重预警提示案件风险与通报披露案情相结合，逐步形成信息共享与反馈的双向良性运行机制。通过编纂典型案例、宣讲案件防控知识等方式，营造案件防控良好的外部环境。

青岛银监局积极探索建立网格化案防体系

2012年，青岛银监局建立辖区银行业"三网、三层、九定"网格化案防体系。"三网"是指银行业金融机构的管理网、监管部门的监管网、公检法司等部门的协作网；"三层"是指银行业金融机构内部的决策层、管理层和执行层；"九定"是指案防岗位九个方面的管控措施，即岗位定责、管控定人、岗位定员、风险定级、措施定位、培训定岗、奖惩定格、信息定时和应急定制。

加大对银行业金融机构应对风险事件、化解风险损失的督导力度。现场督导重点案件处置，落实责任追究，会同审计署、公安部、国税总局等部门协调督导大案要案的查处工作。

宁波银监局强化银行从业人员监管

宁波银监局强化操作风险监管基础设施建设，研发人员违规及流动信息查询系统，累计入档信息 4,877 条，提供查询 434 次，2012 年处置人员"带病流动" 30 余起，有效控制违规人员异常流动带来的风险蔓延现象。

深圳银监局创新信息科技非现场监管手段

为提升非现场监管的有效性，深圳银监局建立了"银行重要科技风险监测系统"，并于 2012 年 6 月启用。该系统以联网方式实现了对银行相关科技信息的自动采集，并遵照风险量化管理的要求，对科技风险指标进行分类统计，探索建立风险计量模型，从而增强了科技风险统计分析能力，推动辖内银行业金融机构提高对突发事件的处置能力。

山东银监局有效管控电子银行信息科技风险

2012 年，针对电子银行信息科技风险事件突发性强、传播速度快的特点，山东银监局强化监测预警，引导辖内法人银行强化电子银行信息科技风险管控。一是组织力量跟踪关注国家信息安全漏洞通报，指导辖内法人银行建立电子银行风险评估常态机制；二是聘请国家专业技术队伍，实施电子银行系统风险评估项目，对电子银行客户端、业务流程和认证机制等进行全面的安全性检测；三是 24 小时实时监测互联网钓鱼站点，建立与国家计算机网络应急技术处理协调中心和国内信息安全公司的应急联系机制。

专栏 13 银监会成立银行业信息科技监管部

2012 年，银监会设立银行业信息科技监管部，着力加强银行业信息科技风险监管，持续完善银行业信息科技监管制度和标准体系。信息科技监管部成立以来，加强监管专业队伍建设，深入开展信息科技风险监测、评估、评级、现场检查以及突发事件处置工作，加强内、外部协同协作，促进银行业金融机构信息化建设和信息科技风险管控工作协调、有序、健康发展。同时注重以先进技术手段推动监管效能的提升，积极开展标准制定推广和信息系统研发工作，以银监局版现场检查分析系统（Examination Analysis System Technology, EAST）为代表的系统建设和推广取得显著成效。

（六）信息科技风险监管

2012 年，银监会完善信息科技风险监管组织架构、制度体系和人才队伍建设，切实防范电子银行、科技外包等重点风险，推动银行不断提升应急处置和业务连续性管理能力。

制定《银行业金融机构信息科技外包监管指引》，规范信息科技外包活动，降低信息科技外包引发的风险；开展银行业信息安全和数据质量专项治理，强化内部治理、风险控制和信息安全责任追究；探索建立动态监测指标体系及商业银行信息科技内部控制成熟度评价制度，初步形成商业银行信息科技监管评级体系，逐步完善非现场监管工具。

加强对银行业金融机构信息化建设的指导，在科技风险管理、系统运行、电子银行服务等领域取得突破。与工业和信息化部、科技部密切沟通协作，组织开展自主信息科技成果在银行业的示范应用研究。

王兆星副主席在浙江调研

（七）市场风险监管

2012 年，银监会推动银行业金融机构综合运用各种计量工具研判利率、汇率风险，定期开展压力测试，提高市场风险管理水平。引导银行业金融机构积极应对利率市场化改革，构建涵盖制度流程、技术工具、人才资源等方面的市场风险管理体系，坚持审慎合规的自营投资及交易策略，全面加强市场风险控制。

（八）国别风险监管

2012 年，银监会继续督促银行业金融机构落实《银行业金融机构国别风险管理指引》，建立与本机构战略目标、国别风险暴露规模和复杂程度相适应的国别风险管理体系，完善国别风险评估、监测和缓释机制；密切关注国际经济形势变化，建立分国别境外债权情况统计制度，针对部分政策性银行境外信贷资产规模存量大、增速快、国别风险凸显的情况，及时对其境外信贷资产业务实施现场检查；对主要银行业金融机构和外资银行的直接风险敞口、风险转移和部分表外风险敞口等情况进行定期监测和分析，跟踪分析欧美银行评级下调情况及对其在华分行的影响。

（九）声誉风险监管

2012 年，银监会积极推动将声誉风险监管纳入全面风险监管框架，引导银行业金融机构提高声誉风险识别、预判和化解能力；以强化声誉风险管理为着力点，推动银行业金融机构提升服务质量、优化管理流程、加强风险管理。

针对基层网点、网络服务平台和新媒体等声誉风险管理薄弱环节和声誉事件高发领域，督导银行业金融机构进行风险识别和风险排查，要求将声誉风险管理重心镶嵌到银行业日常经营之中。

推动银行业金融机构借助网络自媒体等新平台，加强信息公开，积极回应银行业热点问题，多渠道传播银行业声音，树立银行业良好形象，积累声誉资本。

根据声誉事件发生和演进的规律，借鉴情景分析、模拟演练等方式，有针对性地提升中小商业银行和农村中小金融机构的声誉风险管理和危机应对能力。

深入研究构筑声誉防火墙、防范系统性声誉风险等管理理论，积极探索银行业金融机构声誉风险管理量化考核指标体系和相应监管措施。

湖北银监局探索“十个一”银行业新闻舆情工作模式

2012 年，湖北银监局积极探索“十个一”新闻舆情工作模式，包括开展一系列宣传，普及金融知识；构建一张网络，做好舆情分析研判；创办一份简报，及时揭示银行风险状况、经营管理问题以及声誉风险；落实一项考评，将声誉风险管理纳入年度监管评价范围；提供一项培训，提高从业人员“面对媒体、主动应对、危机公关”的能力；配设一条热线，建立 24 小时电话接访制度，维护金融消费者合法权益；培育一种文化，积极营造管理靠制度、办事讲规矩、决策依程序的声誉风险管理文化氛围。

包商银行探索全流程新闻管理模式

2012 年，包商银行探索建立了一套全流程新闻舆情及声誉风险管理模式。一是以优势业务为焦点塑造品牌形象。紧紧围绕小微金融服务，通过系统策划宣传，重点树立“小微金融典范”品牌形象。二是以媒体关系为起点策划新闻宣传。紧紧围绕“舆论想了解什么”这一思路，挖掘新闻点和新闻线索。三是以提前预测为重点防范声誉风险。建立 7×24 小时实时舆情监测体系，通过舆情快报、风险提示函等多种载体，实现对声誉风险的及时预判和预处理。四是以责任考核为支点，推动风险管理。确立部门、分支行领导为第一责任人的考核机制，将声誉风险管理纳入绩效评价体系，提高声誉风险预防和排查的主动性，实现了从事后处置到事先管理的转变。

（十）融资性担保业务工作

2012 年，银监会积极履行融资性担保业务监管部际联席会议牵头部门职责，继续完善行业制度建设，强化风险防控。一是启动《融资性担保公司管理暂行办法》的修订工作，完成融资担保业协会的筹建工作。规范融资性担保机构客户担保保证金管理，部署各地开展规范保证金管理的整改工作。二是多次下发风险提示，积极组织开展风险排查，推动地方政府积极稳妥处置担保机构风险事件，促进融资性担保行业规范发展。

（十一）打击和处置非法集资工作

2012 年，银监会积极履行处置非法集资部际联席会议牵头部门职责，着力完善工作机制。与中央综治办联合印发《关于做好对打击和处置非法集资工作社会管理综合治理考评有关工作的通知》（处非联发〔2012〕4 号），做实做好相关综合治理考评工作，充分发挥其在处置非法集资中调动各方积极性、推动问题有效解决的作用。

组织开展打击和处置非法集资宣传教育活动。出版《打击非法集资典型案例汇编》，组织协调电信运营商发送非法集资风险提示手机短信，加强与各省（市、区）人民政府的宣传教育工作经验交流。

银监会系统职工摄影作品

银监会系统职工摄影作品

05 监管制度与能力建设

- 监管制度建设
- 监管方式
- 监管交流与合作
- 内部建设

（一）监管制度建设

1. 完善监管法规制度

2012 年，银监会制定《商业银行资本管理办法（试行）》等部门规章，《商业银行监事会工作指引》、《银行业金融机构绩效考评监管指引》等 19 件规范性文件，内容涵盖了公司治理、金融消费者权益保护、民间资本进入银行业、“三农”金融服务等方面。

2. 完成行政审批项目清理

2012 年，银监会按照《国务院关于第六批取消和调整行政审批项目的决定》（国发〔2012〕52 号）的要求，取消中资银行业金融机构分支机构变更营运资金审批、变更营业场所审批等 9 项行政审批项目，进一步加强对行政审批权力运行的监督制约。

上海银监局以监管治理促依法行政

2012 年，上海银监局成立依法行政工作领导小组，部署推进全局依法行政工作。积极参与《银监会行政处罚办法》、《中资商业银行专营机构监管指引》等立法工作；以《有效银行监管核心原则》为标杆，修订《上海银监局监管手册》；印发《关于加强上海银监局法规学习培训工作的指导意见》，建立立体化法规培训机制；创刊《银行业监管重要法规摘编》，提升全员依法行政水平；积极公开政务信息，将行政执法置于阳光之下。

3. 参与制定法律法规

2012 年，银监会参与了《中华人民共和国预算法（修正草案）》、《中华人民共和国资产评估法（草案）》、《建筑市场管理条例（送审稿）》、《中华人民共和国安全生产法修正案（送审稿）》、《中华人民共和国粮食法（送审稿）》等法律法规的起草或修订工作，还参与了《中华人民共和国中小企业促进法》的立法后评估工作。

（二）监管方式

1. 市场准入

（1）坚持服务实体经济导向，实行准入正向激励政策，引领银行业不断完善金融服务。引导银行业金融机构按照国家经济发展战略和产业、行业政策合理布局网点，加强对国家重点项目、战略性新兴产业、小微企业及“三农”等重点领域和薄弱环节的支持。相继出台针对服务小微企业和“三农”的倾斜性准入支持政策，支持银行业金融机构优先在县域、城乡结合部和农村新设网点，在符合监管标准的前提下，允许小微企业金融服务成效良好的银行在小微企业集聚区批量筹建支行。鼓励商业银行设立小微企业专营机构，支持战略定位明确、创新能力较强的银行发行小微企业专项金融债。

（2）坚持风险为本导向，严守第一道防线，督促银行业金融机构转变发展方式。一是实行“扶优限劣”的差别化准入政策，支持风险管理能力较强的银行业金融机构优先发展，限制风险管理能力较弱的银行业金融机构盲目扩张；二是要求大型商业银行制定完整、清晰、切实可行的境外发展战略规划，审慎把握机构设立节奏，防范国别风险；三是支持民间资本并购重组高风险农村信用社，督促其妥善处理历史遗留问题，坚持实行“洁净”准入；四是完善业务准入制度，审慎对待高风险产品创新，防止规避监管的创新；五是注重防范综合经营潜藏风险，严格实行并表监管，不断完善风险“防火墙”和退出机制；六是探索完善高级管理人员任职资格审核制度，注重审核高级管理人员的职业道德操守、工作经验和从业记录。

（3）坚持社会责任导向，实行差别化准入政策，推动银行业金融机构树立良好的社会形象。一是在坚持商业可持续原则的前提下，引导银行业金融机构贯彻落实国家区域发展战略，布局向中西部和金融服务空白地区倾斜，提高欠发达地区的金融覆盖率，促进金融服务均等化；二是对银行新产品收费标准严格把关，切实保护金融消费者的合法权益；三是推动信托公司、企业集团财务公司、金融租赁公司等非银行金融机构发挥各自优势，满足金融消费者的多样化需求。

2012 年，银监会及其派出机构共办理各类行政许可事项 79,689 件。其中，涉及机构设立、变更和终止审核事项 37,607 件，业务审核事项 9,113 件，董事和高级管理人员任职资格审核事项 32,969 件。

2. 非现场监管

（1）加强基础建设。一是设计并发布新资本充足率报表，不断完善非现场监管报表制度；二是推动银行业监管统计数据质量管理评估工作，进一步夯实数据质量基础；三是逐步推进非现场监管信息系统迁移及相应的升级工作，探索监管数据标准化试点；四是加强与系统内部、有关部委和市场的联系互动，通过专题培训、市场分析师季度座谈、“每月一讲”等多种形式加大人员培训力度，提高业务能力。

（2）改进非现场监管方式方法。一是搭建非现场监管联动平台，确保监管环节的流程联动、部门的横向联动、条线的上下联动以及与监管对象内外部审计的联动顺畅有效；二是丰富非现场监管工具箱，补充一系列基本、简单、实用的非现场监管工具；三是加强非现场监管数据分析应用，充分发挥风险评估对高风险机构处置和商业银行差异化、特色化发展的前瞻性指导作用。

陕西银监局构建五级分类非现场动态监测数据平台

陕西银监局结合辖内实际，创新建立以“两本台账”为基础的动态监测制度，要求辖内银行业金融机构在自查基础上，建立两本台账，即“名单式”的正常、关注类贷款监测台账，以及机构自查五级分类发生偏离的贷款监测台账。以两本台账为基础，进行贷款五级分类“名单式”台账动态监测，为贷款五级分类真实性监管提供了扎实的非现场动态监测数据平台，使后续的滚动核查“有数可依、有数可取”。

（3）提高风险预警有效性。一是新增房地产贷款风险、银行间市场流动性风险等风险监测，进一步完善行业信贷监测体系；二是密切跟踪国内外经济金融形势，进一步健全重点领域风险的监测、分析和处置体系，利用季度经济金融形势通报会、审慎监管会谈等方式，及早提示风险，前移非现场监管关口。

3. 现场检查

（1）坚持风险为本，合理确定现场检查项目。一是突出高风险环节，组织实施对地方融资平台贷款、银行理财业务、房地产贷款、系统重要性银行风险管理等重点领域的现场检查。如，针对中小商业银行房地产贷款集中度高、业务不规范的问题，安排了13项房地产业务专项检查。二是紧扣不同地区、不同机构和不同业务的风险，按照差别化监管原则，根据被监管机构的特定风险，实施专项检查。如，针对国家开发银行、中国进出口银行境外业务快速增长、国别风险突出的情况，对两家银行的境外贷款进行现场检查。三是按照"精简项目、统筹协调、合理分配"的立项原则，坚持在法人机构层面开展现场检查，从源头上揭示、评价和控制风险。

（2）创新工作机制，提高工作质量和效率。一是充分利用现场检查分析系统（EAST）、监管统计数据和银行管理信息系统，提高现场检查效率；二是建立大型商业银行分支机构监管专员制度，及时掌握重大风险信息和监管动态，强化监管协调和信息共享；三是综合运用近年来的检查成果，完善方案库、问题库、报告库和人才库，汇编《银行现场检查》等工作手册，规范现场检查标准和流程。

（3）统一检查标准，坚持严肃查处。统一检查方案和定性标准，强化监管权力的有效运用，坚持对现场检查中发现的违规机构、违规人员依法实施行政处罚，以查促改，树立监管权威性。跟踪检查被查处银行业金融机构的整改情况，充分运用现场检查结果作为下调监管评级、限制市场准入、限制机构上市、高级管理人员履职评价的重要依据。

专栏 14 重大现场检查项目

对大型商业银行的现场检查包括：对中国工商银行地方政府融资平台贷款政策执行情况，中国农业银行房地产贷款业务，中国银行系统重要性银行内部风险管理控制情况，中国建设银行部分表外业务，交通银行信用风险暨五级分类真实性进行现场检查。

对中小商业银行的现场检查包括：对中国光大银行操作风险管理情况，中信银行房地产业务情况进行现场检查。

对政策性银行及国家开发银行、中国邮政储蓄银行和金融资产管理公司的现场检查包括：对中国农业发展银行市场化收购贷款，国家开发银行、中国进出口银行的境外信贷资产管理与风险状况，中国邮政储蓄银行的贷款风险分类状况，中国华融资产管理股份有限公司的商业化业务进行现场检查。

对农村中小金融机构的现场检查包括：对农村中小金融机构新发放贷款合规及风险状况、主要监管指标的真实性、票据业务，新型农村金融机构业务经营全面情况和整改落实情况进行现场检查。

对外资银行的现场检查包括：对澳新银行（中国）等6家外资法人银行进行全面现场检查，对渣打银行（中国）的信贷业务和信息科技风险进行专项检查，对香港银行在内地设立的3家法人银行的公司治理和内部控制进行专项检查，对17家外资法人银行总行、55家法人分行和6家外国银行分行实施贷款分类的真实性进行现场检查。

对非银行金融机构的现场检查包括：对中国电力财务有限公司、五矿集团财务有限责任公司、兴业金融租赁有限责任公司、三一汽车金融公司、捷信消费金融公司进行全面检查，对外贸信托、金谷信托、工银金融租赁有限公司、农银金融租赁有限公司、奇瑞徽银汽车金融公司进行专项检查，对中船重工财务有限责任公司、信达金融租赁有限公司、昆仑金融租赁有限公司、广汽汇理汽车金融公司进行后续检查。

专栏 15 银行贷款五级分类检查

2012 年，银监会督导各银行业金融机构开展五级分类自查工作，1,700 余家法人机构、49,600 余家分支机构进行了自查，自查贷款 51.5 万亿元。在银行业金融机构自查基础上，有针对性地进行现场检查，共抽查 770 余家法人机构、9,000 余家分支机构、2.9 万亿元贷款，有效促进银行业金融机构做实贷款五级分类。

河北银监局推进跨区域监管协同

为支持京津冀一体化发展战略和环首都经济圈建设，2012 年，河北银监局继续推动建立三地银行业监管合作机制。相互派员参加监管联动会议，相互协助开展现场检查，相互抄送现场检查报告、监管报告、监管会谈纪要，相互协助开展行政许可事项审核。

北京银监局以创新方式推动监管工作，提升现场检查的专业性和深入性

北京银监局组建银监会系统唯一的现场检查大队，突出资源整合优势，创新横贯式检查方式，坚持检查方案、人员、尺度、处罚和报告"五统一"原则，发挥现场检查分析系统（EAST）现场检查团队和外资银行业金融机构现场检查团队等专业团队特长，不断提高检查的专业性和深入性。2012 年，北京银监局共开展现场检查 46 项，投入检查工作量 6,534 人天，检查发现问题 593 个，当年整改合格率超过 75%。

4. 风险处置与市场退出

（1）加大对历史包袱化解处置力度。一是推动高风险机构建立完善风险处置预案，争取地方政府的政策和资金支持，通过现金清收、打包处置、资产置换、债务重组、拨备核销等方式，对存量不良资产进行盘活消化；二是支持高风险机构引进合格的银行业金融机构和民间资本，通过并购重组或运用增资扩股溢价实现部分消化历史亏损挂账。2012 年，城市商业银行共处置历史包袱近 120 亿元；农村中小金融机构共清收处置不良贷款 1,384 亿元，核销历史亏损挂账 102 亿元。

（2）稳妥实施市场退出。受欧债危机影响，部分外资银行调整海外战略，关闭在华代表处，银监会依法开展相关审批工作，实现有序地市场退出。非银行金融机构风险处置工作已接近尾声，在 8 家高风险信托公司中，有 3 家信托公司通过司法重整方式恢复经营，有 5 家信托公司进入破产清算阶段；在 13 家拟重新登记信托公司中，有 11 家已取得开业批复。

山西银监局高风险机构风险处置工作取得重大进展

2012 年，山西银监局制订辖内城市商业银行"一行一策"分类监管指导意见和风险处置方案，推动地方政府落实支持政策，辖内 4 家重点关注城市商业银行已处置历史包袱 22.04 亿元。构建和推行监管部门引领、地方政府主导、农村信用社自身努力、行业管理部门支持、多方参与的"五位一体"高风险农村信用社改制工作机制，高风险农村信用社的风险处置和重组改制工作在 10 个地（市）全面启动，累计处置不良贷款 20.32 亿元，潞城市农村信用合作联社直接改制为农村商业银行已获批准开业。

5. 监管问责与处罚

2012 年，银监会通过各类现场检查，共查处银行业金融机构违规金额 1.16 万亿元，处罚违规银行业金融机构 1,553 家，取消高级管理人员任职资格 55 人。行政处罚事项涉及银行业金融机构违法违规经营、从业人员违反内部制度等。

（三）监管交流与合作

1. 国内监管协作与信息共享

2012 年，银监会一方面进一步加强与国内有关职能部门的政策协调，另一方面加强与国内其他金融监管部门的监管合作。与工业和信息化部形成有效的联合工作机制，推动出台《国务院关于进一步支持小型微型企业健康发展的意见》（国发〔2012〕14 号）。继续深化与人民银行、证监会、保监会之间的协调机制建设，定期召开联席会议。

2. 跨境监管合作交流

（1）发展跨境监管合作关系。2012 年，银监会与巴西中央银行签署双边监管合作谅解备忘录。截至 2012 年底，银监会已与 49 个国家和地区的金融监管当局签署了双边监管合作谅解备忘录或合作协议。

（2）积极开展跨境监管磋商。2012 年，银监会分别与美国、新加坡，以及台湾和香港地区的银行业监管机构举行了双边磋商，与日本和韩国金融监管当局共同举办了第七次中日韩研讨会暨第五次副手会，对加强双边信息交换、讨论日常监管工作和监管热点难点问题，以及探讨国际监管趋势等具有积极意义。此外，银监会还积极参与高层和跨部委的双边和多边会议，包括第四轮中美战略与经济对话框架下的经济对话、中美经济联委会第八次副手会、第七次中欧财金对话、中巴财金分委会第三次会议、中阿金融合作分委会中方秘书处会议、中俄总理定期会晤委员会第十三次会议等。

（3）举办国际咨询委员会和监管联席会议。2012 年 12 月，银监会国际咨询委员会第十次会议在北京召开，会议研究讨论了"国际金融监管改革及对中国银行业的影响"以及"国际银行业经营模式的转变及对中国银行业的启示"两大议题。11 月，银监会举办中国银行（核心）监管（国际）联席会议和交通银行监管（国际）联席会议，与有关国家和地区的金融监管当局就两家银行集团及境外分支机构的经营管理情况进行信息互换，并就监管手段和监管方法进行经验交流。

（4）开展跨境现场和非现场合作。2012 年，银监会协调德国、日本、澳大利亚、菲律宾、韩国和香港 6 个国家和地区监管当局，对境内的 17 家外资银行实施检查，组织、参加与境外检查人员监管会谈，共享重大检查发现，共同配合促进落实整改措施。进一步探索高效利用与香港金管局在工作层面的沟通交流平台，通过建立定期交流与日常沟通机制，提高了对内地港资银行现场与非现场监管工作，以及跨境监管合作的有效性。

（5）深度参与国际金融改革。作为巴塞尔银行监管委员会主要成员之一，银监会积极参加金融稳定理事会和巴塞尔银行监管委员会的全体大会和各层级工作组，提出的多项意见和建议得到采纳，提升了中国在国际监管政策制定过程中的话语权。2012年8月，巴塞尔银行监管委员会任命银监会工作人员担任杠杆率工作组主席，主导开展第三版巴塞尔协议中杠杆率国际规则的修订与完善工作，这是中国首次派员担任巴塞尔银行监管委员会工作组负责人。

专栏16 银监会召开国际咨询委员会第十次会议

2012年12月6–7日，银监会国际咨询委员会第十次会议在北京召开。银监会向外方委员们通报了中国当前的宏观经济金融形势和面临的挑战，并就外方普遍关心的中国发展直接融资市场、利率市场化、地方政府融资平台、影子银行、金融产品创新等问题进行了说明。

外方委员们对中国在复杂的国内外经济金融形势下，仍能保持经济平稳较快增长给予了高度评价，并表示中国银行业和监管所取得的成就得到了国际同行的充分认可。会议中，外方委员们围绕“国际金融监管改革及对中国银行业的影响”以及“国际银行业经营模式的转变及对中国银行业的启示”两大议题，就国际金融监管改革、宏观审慎监管、社区银行监管、问题机构处置、银行业并购，以及影子银行监管等问题，介绍了国际上的监管创新及有效监管措施并提出了相关建议，使监管部门借鉴国际经验，开拓银行业发展思路，进一步提升银行监管的有效性。

专栏17 银监会召开中国银行、交通银行监管（国际）联席会议

2012年11月29–30日，银监会在北京召开中国银行（核心）监管（国际）联席会议和交通银行监管（国际）联席会议，来自中国香港地区、澳门、澳大利亚、德国、日本、韩国、新加坡、英国和美国9个国家和地区的银行监管当局代表参加了会议。联席会议深入分析了两家银行全球经营管理情况，持续强化境内外监管当局的信息共享、经验交流和监管合作，有效促进两家银行的持续健康发展。

截至2012年底，银监会已先后召开了中国工商银行、中国银行、中国建设银行、交通银行等大型商业银行监管（国际）联席会议，通过一般监管联席会和核心监管联席会议等多种形式，在加强境内外监管合作方面积累了较为丰富的经验，有效促进了中资银行业金融机构在全球范围内的稳健发展。

专栏18 银监会深化外资银行跨境监管交流

2012年，银监会积极参加汇丰集团、渣打集团、德意志银行、澳新银行等外资银行的监管（国际）联席会议，协助比利时监管当局完成对比利时联合银行的风险评估，深化与有关监管当局的沟通交流。采取电话会议、工作层会谈、信函往来等多种形式加强与多国监管当局工作层面的沟通交流，就特定机构监管事项与母国监管当局保持密切联系和深入沟通。

（四）内部建设

1. 人力资源

截至 2012 年底，银监会系统员工总数 23,888 人。其中，银监会机关员工 596 人，银监局员工 5,761 人，银监分局员工 13,574 人，监管办事处员工 3,957 人，分别占系统员工总数的 2.49%、24.12%、56.82%、16.56%；女员工 7,961 人，占比 33.33%；本科及以上学历 18,687 人，占比 78.23%；45 岁以下人员 13,322 人，占比 55.77%。

2. 员工培训

2012 年，银监会以提高监管能力、推动监管工作为目标，进一步提高培训的针对性和专业性，全年共主办 24 个专题培训班，累计培训时间 122 天，培训人数 2,116 人，培训范围明显扩大。

注重提升领导干部综合素质，举办"银监分局领导干部培训班"、"优秀中青年干部培训班"等干部培训；紧密联系监管工作实际，举办"新资本监管制度培训班"等监管专题培训；加强新员工培训，连续举办 12 期"青年员工监管知识大讲堂"。

积极拓宽培训渠道，与有关部门联合举办"省部级领导干部金融监管和风险防范研讨班"，承办"中国中青年领导干部赴日本金融创新与风险防范专题培训班"等；启动与中欧国际工商学院合作 EMBA 培训项目；举办赴荷兰、西班牙和香港银行监管高层研修班；赴黑龙江、厦门、福建、西藏 4 省区开展"送培训下基层"活动，培训中小商业银行高级管理人员及业务骨干约 1,800 人，基层监管骨干约 1,200 人；引进国外监管培训教材，完成 10 门课程的编译工作，编写出版《中国银行业改革发展与风险防范案例选编》。

该书被评为首届全国党员教育培训教材展示交流活动优秀教材，是金融系统获此殊荣的唯一教材。

3. 文化建设

2012 年，银监会围绕监管中心工作，将监管文化建设与理论学习、调查研究、主题宣传、载体建设和文明创建工作紧密结合，发挥监管文化的引领、导向和辐射功能。以实践为导向，集中学习研讨党的十八大报告以及银行业改革发展监管工作中的宏观性、战略性和前瞻性重大问题；创办《银监会 e 报》，推进监管文化平台和载体建设；开展主题宣传和教育活动，营造银监会系统积极奋进的文化氛围，如，开展"弘扬雷锋精神 提升价值追求"大型图片展览等活动；深入开展"创先争优"活动，推进基层组织建设，全面夯实基层组织；组织开展"银监会系统文明单位"、"监管标兵"等评选活动，着力树立典型、表彰先进、推广经验。

新疆银监局改进培训方式，加强监管能力建设

2012年，新疆银监局积极改进培训方式，推动培训工作取得显著成果。全年共举办培训项目17个，培训各类人员2,400余人次。一是邀请业内精英和专家举办新疆中小银行高级管理人员及监管人员培训班，并取得良好效果；二是在新员工培训中引入互动问答、分组讨论、多媒体警示教育、远程同步教学、近两年招录新员工交流等环节，丰富教学培训形式；三是定期组织召开现场检查成果与经验交流会，将现场检查成果转化为培训资源。

重庆银监局扎实推进监管文化建设

2012年，重庆银监局"五大平台"打造"温馨和谐，积极向上，团结奋进"的良好文化：通过主题活动和创先争优，实现监管文化熏陶，价值归属认同，搭建信念凝聚的"精神文化平台"；通过依法监管体系和完善规章制度，搭建依法合规的"制度文化平台"；通过党委中心组学习带动学习型组织建设，精细差异化培训，搭建人本关怀的"学习文化平台"；通过"事先承诺、监管派驻、定期走访、差别监管、协调联动"机制，搭建开放创新的监管"特色文化平台"；通过监管机构与银、政、企协作互动，搭建和谐发展的监管"环境文化平台"。

4. 党风廉政建设和纪检监察

2012年，银监会认真贯彻党中央、国务院和中央纪委关于加强党风廉政建设和反腐败工作的战略部署，扎实推进领导干部作风建设，深入开展党风廉政教育和廉政文化建设，持续加大巡视、执法监察、审计等日常监督工作力度，依纪依法做好信访举报工作。

（1） 作风建设。以加强系统党员领导干部作风建设、保持党员干部纯洁性为抓手，下猛药、出重拳、治顽症，治理"庸懒散奢"等不良作风。结合监管工作实际，制定落实了中央"八项规定"实施细则，推进作风建设制度化。全年共有9,335家银行业金融机构、2,466个地方政府有关部门及人民团体参加对银监会系统的政风评议活动，总体满意率达96.6%。

（2） 党风廉政宣传教育。银监会系统各级党委主要负责人讲党课800余次，纪委负责人讲党性党风党纪教育课700余次；有针对性地开展警示教育、示范教育、岗位廉政教育和从政品德教育等各类活动；全系统开展廉政（廉洁）文化活动8,949次，开设反腐倡廉宣传网页511个。

（3） 惩治和预防腐败体系建设。督促贯彻落实银监会惩治和预防腐败体系建设年度各项工作任务，并组织开展惩防体系建设重点检查。加强惩防体系制度建设，制定《银监会系统党的基层组织党务公开工作实施办法》，进一步完善和细化《银监会执法监察工作办法》。

（4） 日常监督。一是巡视工作。组织实施对4个派出机构和1家会管金融机构进行巡视，查找问题52个，提出整改建议36条；24个银监局和6家会管金融机构完成对127个银监分局和分支机构的巡视。二是内审工作。对7个派出机构和1家会管金融机构主要负责人进行经济责任审计，提出问题25个，审计建议32条；派出机构和

会管金融机构对1,072名主要负责人进行经济责任审计，提出审计建议1,842条。三是执法监察、效能监察工作。对银监会机关职能监管部门行使市场准入审批权的合规性开展执法监察，对发现的三大类六方面问题督促进行整改。对4个派出机构开展交叉执法监察。组织开展对派出机构和会管金融机构的执法监察和效能监察，执法监察、效能监察共立项759个，发现问题2,453个，提出监察建议1,859条，完善规章制度377项。四是内部监督和专项工作。起草银监会系统开展廉政（廉洁）风险防控工作实施意见；对部分会管金融机构贯彻落实《国有企业领导人员廉洁从业若干规定》（中办发〔2009〕26号）等有关廉政制度执行情况开展检查；组织全系统领导干部报告个人有关事项，督促工作人员执行履职回避制度。起草《国有金融企业公务用车管理暂行办法》，加强公务用车治理，开展庆典、研讨会、论坛过多过滥的专项治理工作。

杜金富纪委书记在河北调研

（5）案件查处、信访核查和治理商业贿赂工作。银监会系统各级纪检监察部门共处理信访举报512件，办结率达90.65%；查处案件9起，涉案14人，至2012年底已结案5起，共有8人给予党纪政纪处分；督办有关银行业金融机构上报的商业贿赂案件14起，涉案21人，至2012年底已结案3起，涉及3人。

廉政提示短信

针对春节、“五一”等法定节假日期间干部公款吃喝、收受礼金等铺张浪费及受贿腐败问题易发多发的现象，2012年，银监会在节假日前夕及时向银监会机关、各银监局和会管金融机构近500名会管干部发送廉政提示短信，加强节日期间的廉政教育，强化领导干部的廉政意识。廉政短信使领导干部在温馨提示中受到教育，时刻绷紧自律之弦，自觉把好廉洁自律关。

专栏19 银监会认真贯彻落实中央“八项规定”

2012年，银监会党委严格按照中央“八项规定”的总体要求，结合实际，及时印发《中国银监会贯彻落实改进工作作风 密切联系群众八项规定的实施细则》，要求各级党委和领导干部率先垂范，不折不扣地执行中央规定和银监会实施细则，特别是单位主要领导要带头学好规定、执行规定，绝不允许搞变通。

在认真执行中央“八项规定”的基础上，银监会厉行勤俭节约、反对铺张浪费，明确提出“五不准”规定，即不准用公款搞走访、送礼、宴请、旅游等活动；不准接受下级单位和银行业金融机构的各类宴请及礼品；不准搞部门与部门、部门与下级单位、监管机构和银行业金融机构之间的联谊活动；不准超标准组织会议，所有会议不安排聚餐、不上高档菜肴和酒水、不发放纪念品；不准超标准安排接待、食宿和乘坐交通工具。

5. 电子政务建设

2012 年，银监会继续深化电子政务建设，为监管工作提供有力保障。一是建立完善统一的领导和分工协作机制、科学合理的管理框架、良好的沟通与协调机制，形成互联互通、集中管理、高效统一的现代电子政务工作体系。二是综合办公平台实现了信息的集中管理和“一站式”登录，成为银监会协同办公、信息共享、沟通交流和知识管理的平台。三是按照“明确职责、规范管理、安全第一”的原则，加强官方网站的管理工作，增强服务功能，扩展互动交流，进一步提升银监会的行政透明度。银监会官方网站获得了 2012 年度“中国政府网站优秀奖”，其中 3 个栏目获得了“精品栏目”奖项。四是支持鼓励银行业金融机构不断加大对科技信息技术的投入力度，尤其是对 IT 技术、电子渠道、信息通讯和远程技术的投入力度，增强基础性科技研发能力，提高经营管理的电子化、信息化、集中化和智能化水平，提升内部管理效率。同时，鼓励银行业金融机构进一步加大对人工呼叫中心、ATM、网上银行、手机银行等新型服务方式的科技投入，推动机构网点硬件设施改造升级，提升网点的科技运用能力，拓展服务范围，提升服务质量。

6. 财务管理

2012 年，银监会以提高监管有效性为中心，认真贯彻落实中央关于艰苦创业、勤俭节约的精神，通过科学配置财务资源，最大限度地发挥了资金的使用效率，为银行业监管工作的顺利开展提供有力的财务支持。继续加大对现场检查、监管信息化建设等方面的资金投入。坚持紧中保运转，集中资金解决监管工作中最为迫切的问题，重点保障机构灾后重建以及监管任务重、艰苦边远和少数民族地区及监管一线机构的资金需求，统筹兼顾大病人员医疗费用、退休职工待遇。银监会 2011 年部门决算、2012 年部门预算、“三公经费”等信息通过银监会官方网站对外公开，保障社会公众的知情权和监督权（见图 9）。

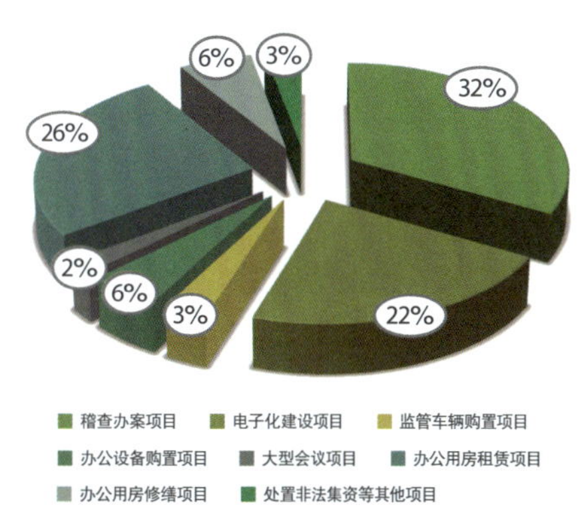

图 9 2012 年银监会各项目支出预算占全年项目支出预算的比例情况

银监会系统职工摄影作品

06 银行业消费者保护与教育

- 银行业消费者权益保护规制建设
- 充分发挥银行业金融机构职责
- 有序开展消费者权益保护工作

(一)银行业消费者权益保护规制建设

银监会举办青少年金融理财小课堂

银监会始终将做好银行业消费者权益保护工作视为监管工作的根本出发点和落脚点。2012 年，银监会成立银行业消费者权益保护局，统一负责银行业消费者权益保护工作；印发《银行业消费者权益保护工作规划纲要(2012–2015)》，明确银行业消费者权益保护工作的宗旨、原则、框架，金融知识宣传教育模式和消费者投诉处理程序等重要工作内容。

银行业消费者权益保护工作的原则是“预防为先、教育为主、依法维权、协调处置”。

一是预防为先。将消费者权益保护作为市场准入审批的必要条件，督促银行业金融机构将消费者权益保护的条款预设在产品和服务合同中；在消费者购买产品和接受服务之前，主动践行告知义务，实事求是地进行宣传讲解和风险提示；在开展营销时，严格按照消费者权益保护条款规范销售活动。二是教育为主。督促、指导银行业金融机构针对不同的消费者群体，积极开展广泛、持续、系统的金融宣传教育活动，培育消费者的自主选择判断能力和主动维权能力；针对不同的产品和服务种类，主动做好宣传解释。三是依法维权。建立一整套合法、规范、务实的消费者维权工作体系，督促银行业金融机构将维护消费者权益工作落在实处；在纠纷处理过程中遵循公平、公正、公开的原则，调解好银行业金融机构与消费者之间的矛盾。四是协调处置。督促银行业金融机构切实承担起保护消费者权益、妥善解决与消费者之间纠纷的第一责任；在银行业金融机构未能与消费者就投诉处置达成一致的情况下，银监会及其派出机构接受消费者的再次投诉，并将调查处置意见反馈消费者。

同时，银监会制定了《银行业消费者投诉处理规程》、《银行业消费者权益保护工作联席会议制度》等一系列银行业消费者权益保护的规章制度，进一步完善消费者投诉处理机制，加强各相关部门在银行业消费者权益保护方面的协作配合。

专栏 20 银监会银行业消费者权益保护局正式成立

2012 年，银监会银行业消费者权益保护局正式成立。银行业消费者权益保护局的主要职能包括：制定银行业金融机构消费者权益保护总体规划、政策法规；协调推动建立完善银行业金融机构消费者服务、教育和保护机制，建立完善投诉受理及相关处理的运行机制；组织开展银行业金融机构消费者权益保护实施情况的监督检查，依法纠正和处罚不当行为；统筹策划、组织开展银行业金融机构消费者宣传教育等工作。

设立银行业消费者权益保护局，专门负责此项工作，有利于提高消费者权益保护和公众金融知识教育工作的专业性和针对性，对于提升银行业可持续发展能力也具有重要战略意义。银监会将继续致力于强化银行业消费者权益保护职能，将消费者保护进一步纳入全面风险监管框架之中，推动金融知识的宣传和普及，建立银行业消费者保护联系协作机制，推动银行业金融机构致力于长期稳健发展。

（二）充分发挥银行业金融机构职责

银行业金融机构是银行业消费者权益保护工作的第一责任人。2012 年，银监会督促银行业金融机构不断探索消费者权益保护工作机制建设，逐步开展产品宣传、金融教育、服务评估、投诉处理等工作，切实履行消费者权益保护第一责任人的职责。

一是完善组织架构。在银监会的指导下，银行业金融机构结合自身的机构特点和经营特色，探索建立不同模式的消费者权益保护工作架构：成立专门的消费者权益保护部门，统筹负责消费者权益保护的各项工作；在管理层成立消费者权益工作委员会或领导小组，牵头管理消费者权益保护工作；按照原有的工作架构，指定消费者权益保护各项工作的牵头部门。

二是加强宣传教育。银行业金融机构组织开展科学使用信用卡、防范非法集资等专题教育活动；加强与新闻媒体的合作，通过公益广告、电视访谈等方式，结合热点领域和创新产品，多渠道向消费者普及金融知识。

三是主动接受监督。部分银行业金融机构在营业网点放置服务评价器，由消费者对柜员服务情况进行评价；聘请社会监督员，当面听取消费者的要求及建议；建立暗访制度，检查营业网点的标准化服务执行情况。多家银行业金融机构委托第三方公司进行服务质量检查评估，进一步提高评估的准确性。

四是完善应诉机制。银行业金融机构对消费者投诉事项尽量做到当场、当天解决；对于确实无法解决的事项，认真调查核实并及时向消费者反馈。为确保投诉处理的及时性和有效性，部分银行业金融机构将消费者投诉处理情况纳入对分支机构、部门、员工个人的绩效考核。部分银行业金融机构建立全行统一的投诉信息受理、处理系统，定时对投诉处理情况进行统计分析和量化考核。部分银行业金融机构将消费者投诉作为改善管理、创新业务的重要契机，不仅提高了投诉处理效率，还推动提升了综合竞争力。

（三）有序开展消费者权益保护工作

2012 年，银监会及其派出机构通过开展不规范经营专项治理活动、设立金融服务巡视督导组、完善消费者投诉处理流程、加强特殊群体金融服务工作、开设公众教育服务区、组织特殊群体金融知识培训、制作金融知识宣传片等多种渠道，积极开展银行业消费者权益保护工作。

1. 银行业不规范经营专项治理活动

针对部分银行业金融机构存在的附加不合理贷款条件、增加不合理服务收费等问题，2012 年，银监会部署开展银行业不规范经营专项治理活动。

印发《关于整治银行业金融机构不规范经营的通知》，针对信贷业务中的违规行为，提出“不准以贷转存、不准存贷挂钩、不准以贷收费、不准浮利分费、不准借贷搭售、不准一浮到顶、不准转嫁成本”的“七不准”禁止性规定；针对服务收费业务，提出“公开收费项目、公开服务质价、公开效用功能、公开优惠政策”的“四公开”要求。督促银行业金融机构从查源头、查程序、查行为入手，全面开展自查自纠；银监会及其派出机构深入银行网点，对各银行业金融机构的自查整改情况进行核评，联合有关媒体进行明察暗访，充分曝光严重违规案例。督促商业银行总行按照“名录管理、统一定价、公开透明”的原则，统一制定服务收费价目名录，在网站上统一公布或印制成册发布。建立服务收费投诉举报常态机制，要求商业银行在总行、分行层面分别开通专用投诉电话，及时、妥善处理消费者投诉；银监会及其派出机构也开通专线，广泛接受社会公众的投诉和举报。

继续推动《商业银行服务价格管理办法》修订工作，为完善和规范银行服务收费制度提供法律支撑。

专栏 21　修订《商业银行服务价格管理办法》

随着金融产品和服务项目日益丰富，银行业务发展和受理渠道日益多样化，服务价格的信息披露和客户行使知情权、选择权的需求更为迫切，银行服务价格领域亟待进一步规范。在充分考虑我国银行服务发展现状和境内外金融企业服务价格管理情况的基础上，银监会联合人民银行、国家发展改革委研究修订《商业银行服务价格管理暂行办法》，形成《商业银行服务价格管理办法（征求意见稿）》，并于 2012 年 2 月向社会公开征求意见，共收到反馈意见 2,199 条。目前，银监会、人民银行、国家发展改革委正在对具体修改意见进行慎重研究。同时，银监会和人民银行积极配合国家发展改革委加快推进银行服务价格政府定价和政府指导价目录的制定工作，该目录拟与《商业银行服务价格管理办法》同时公布实施。

恒丰银行减免多项服务收费项目

2012 年，恒丰银行在严格执行“七不准、四公开”要求的同时，对多项服务收费项目实行减免政策。如，取消部分借记卡的年费、全球银联 ATM 现金跨行、异地取款手续费等；对小微企业、涉农领域金融服务实施优惠政策，免收网银、短信服务费、网银同城跨行普通汇款手续费等。

宁夏银监局通过整治不规范经营活动推动银行业作风转变

2012 年，宁夏银监局采取督导检查、抽查暗访、现场调查等手段，开展整顿银行业不规范经营活动，坚决纠正违规放贷、揽存、贷款搭售保险产品等问题，对不规范经营活动采取没收违法所得、罚款、处理高级管理人员等方式进行惩处，督促银行业金融机构减费让利，整改不合理收费和违规收费。在宁夏八大行业消费者满意度调查中，银行业满意度大幅提升，达到 83.33%。

2. 加强特殊群体金融服务工作

银监会持续督促银行业金融机构改善特殊群体金融服务水平。2012 年，为保障残疾人作为金融消费者的合法权益，印发《关于银行业金融机构加强残疾人客户金融服务工作的通知》，要求银行业金融机构牢固树立公平对待金融消费者的理念，进一步建立健全残疾人客户金融服务管理制度和业务流程，不断完善无障碍设施建设和改造，在营业网点配备掌握无障碍服务方法和技能的员工，加强为残疾人客户提供普及金融知识的服务，高度重视和妥善处理残疾人客户的意见和投诉，充分尊重和保障残疾人客户公平获得银行业金融服务的权利。

华夏银行为残障人士提供全面金融服务

2012 年 8 月，华夏银行在北京开设了“残障人士优先窗口”，为残障人士提供一整套便捷服务，包括：在营业网点门口铺设无障碍通道或采取无障碍服务措施，在明显位置摆放无障碍标识，在营业厅内设置残障人士呼叫按钮；专门设计制作盲文版《残障人士银行服务指南》和“华夏助盲服务卡”，方便钱币识别和办理业务时的签名盖章；组织举办了多期手语培训班，确保每家支行营业网点至少有一名手语熟练的工作人员。

华夏银行助盲服务卡

中国银行业协会印发《关于进一步完善残障人士银行服务的自律要求》

2012 年 5 月，中国银行业协会印发《关于进一步完善残障人士银行服务的自律要求》。结合现阶段残障人士的实际需求，从国家政策、监管规定、行规行约的执行，管理制度的建立，产品和服务的创新、人性化服务的提供，服务应急的处理、执行情况的自查和监督惩戒等八个方面对会员银行提出了更加具体的残障人士服务要求，要求商业银行应确保残障人士享有与其他客户平等的权利，引导促进银行业提高服务特殊群体客户的水平。

上海银监局启动万名进城务工者金融知识教育活动

2012 年，上海银监局联合社会组织、商业银行，在上海启动“理财让生活更幸福”——万名进城务工者金融知识教育活动。此次活动以商业银行、监管部门、社会组织三方合作形式开展，针对“进城务工者”群体的实际需求，设计相应的培训内容和形式，安排具有丰富金融培训经验的讲师，在一年内对约 1 万名在上海生活工作的 18 岁至 45 岁的进城务工者进行培训，培训内容涵盖金融理财、银行实务和防范金融诈骗等多个方面。

3. 加强银行业公众教育

2012 年，银监会及其派出机构继续深入开展公众教育服务工作。努力构建公众教育服务长效机制，向社会公众普及金融知识，提高全民金融素质。一是继续做好银监会公众教育服务区的运行服务工作，全年共接待公众来电、来访 3,900 余次，组织举办多场中小学生金融知识小课堂活动。二是指导派出机构因地制宜开展金融知识教育活动，帮助潜在消费群体、新生消费群体和成熟消费群体树立正确的理财观念，逐步掌握金融理财的基本技能和防范金融诈骗的方法。三是持续组织派出机构及银行业青年员工开展“送金融知识下乡”活动。累计创建“送金融知识下乡宣传服务站”2,900 多家，全年开展“送金融知识下乡”活动 19,339 场次，发放宣传材料 1,350 万份，受众达 1,946 万人次，有效加深了农村地区公众对银行金融知识的认知和了解。

同时，银监会指导中国银行业协会开展“普及金融知识万里行”活动，提升公众金融安全意识和风险认知能力；组织“3·15”消费者权益日专题活动，发布《中国银行业改进服务承诺》；编写出版《中国银行业从业人员消费者权益保护知识读本》，推动银行从业人员提高服务水平和对消费者权益的保护意识；指导中国信托业协会构建投资者教育活动平台，引导投资者和经营者树立“买者自负，卖者有责”的理性投资及合规经营理念。

银监会组织开展“送金融知识下乡”活动

银监会系统职工摄影作品

银监会系统职工摄影作品

07 透明度建设与加强市场约束

- 政务公开
- 银行业透明度建设
- 市场约束

（一）政务公开

1. 推进政务公开渠道和平台建设

2012 年，银监会印发《银监会官方网站管理办法》，通过制度导向和技术支撑，继续加强官方网站管理，发挥官方网站在政务公开、信息发布、服务公众、宣传教育方面的主渠道作用。同时，及时向政府信息查阅场所提供政府信息。

阎庆民主席助理走访上海浦东发展银行北京分行

2. 全面开展政务公开工作

（1）履行对外公开职责。2012 年，银监会共向被监管对象公开银行业监管规章和规范性文件 4,527 项次，公开银行业监管法规和相关政策 1,130 项次，公开银行业监管行政审批程序、监管程序和处罚程序 720 项次，公开银行业监管行政审批和处罚结果 22,324 项，公开统计数据和监管信息 6,339 次，公开银监会系统自律性规定 744 个。2012 年，银监会官方网站共发布信息 14,877 条，点击量 2,002 余万次，其中通过政府信息公开系统集中发布正式文件 294 件。

（2）主动披露信息。一是及时发布监管统计数据信息。提前公示"2012 年中国银监会监管统计信息发布日程表"，按期发布银行业监管统计数据，促进信息透明度建设。二是通过新闻媒体主动公开监管政策和活动等信息。2012 年，银监会共受理记者来函来电采访请求 1,500 余人次，就社会普遍关注的银行业热点问题组织记者调研采访 5 次，召开新闻通气会 21 次，在官方网站刊发新闻 74 条；通过《人民日报》、新华社、中央电视台、《经济日报》等中央主要媒体刊播加强金融监管、金融服务"三农"和小微企业、整治银行业不规范经营、支持实体经济等方面的政策信息。三是重要法律、法规及规范性文件出台的同时配发新闻稿和答记者问，做好政策解读，及时解疑释惑。

（3）做好依申请公开工作。2012 年，银监会共受理 42 人提出的有效政府信息公开申请 65 件，其中 48 件已答复，2 件正在办理，2 件申请人主动撤销申请，10 件不属于银监会依法申请公开受理范围，3 件申请信息不存在。

（二）银行业透明度建设

银监会要求银行业金融机构强化信息披露和业务宣传，并督促提升信息披露质量。2012 年，银监会要求银行业金融机构按照服务收费"四公开"要求，统一制定收费价目名录并公布；发行理财产品时做到"信息充分披露"，禁止欺诈销售行为。同时，严肃查处误导宣传、强制捆绑销售、不透明收费等违规行为。

中国农业银行提升透明度

2012 年，为充分发挥消费者、舆论和投资者的监督作用，中国农业银行积极加强透明度建设：一是深入开展“服务品质提升年”活动，推进客户服务系统建设，完善客户投诉机制和渠道，强化客户投诉率和满意度考核；二是及时向投资者和各主要媒体传达最新经营情况，回应投资者关切，举行投资者会议 121 场，与 387 家投资机构进行面对面沟通；三是高质量完成各类定期报告和临时公告的信息披露工作。

四川银监局积极推进政务公开

四川银监局在省广播电台《阳光政务》节目，现场接听群众热线，受理、解答、解决听众反映的问题并做政策宣传。

（三）市场约束

2012 年，银监会广泛听取社会各界的声音意见，并传导到具体的监管工作中，形成了推进信息公开、倾听民意、及时反馈、改进工作的良性循环机制。一是注意倾听民声民意，从多渠道收集对监管工作、银行业经营管理及金融市场的意见和建议；二是注意将这些声音意见作为改善监管工作的重要参考，形成有效反馈；三是注意利用市场的声音发现问题和风险隐患，及时解决问题、及早提示风险，提高监管工作的针对性和有效性。

广东银监局督促辖内银行业金融机构加强克隆卡风险防范

近年来，银行卡被克隆、盗刷案件频繁发生，受到社会各界广泛关注，相关新闻报道屡见报端。针对辖内克隆卡盗刷案件有所上升的情况，2012 年，广东银监局通过每日舆情监测与分析，及时组织调研和风险排查，要求辖内银行业金融机构合理制定银行卡业务的发展模式，切实加强服务的深度和广度，增强操作和内控制度的执行力，加大技术防控投入，有效遏制了辖内银行卡案件的高发态势，营造了安全和谐的用卡环境，增强了消费者的用卡安全。

兴业银行化舆论监督为管理正能量

作为上市银行，兴业银行高度重视舆情管理，自觉接受舆论监督，并化舆论监督为管理正能量。建立实时监测机制，关注银行业经营的热点、焦点问题，及时提示工作薄弱环节或业务风险苗头；加强与媒体的沟通交流，主动加大信息披露，增强经营管理透明度，提升企业公信力；顺应新媒体发展趋势，积极构建官方微博等迅捷、互动的公众沟通平台，开展品牌宣传、公众教育和客户需求调研，受理咨询投诉，2012 年，仅通过微博渠道即受理反馈各类客户咨询、意见、建议逾 3,000 条，其中切实解决且客户满意的超过 90%。

银监会系统职工摄影作品

08 社会责任

- 推进机制建设和监管指导
- 做好假日金融服务
- 促进助学贷款可持续发展
- 支持公益事业和贫困地区发展
- 支持抗灾救灾和灾区重建

（一）推进机制建设和监管指导

2012 年，银监会继续鼓励、规范和引导银行业金融机构将履行企业社会责任融入银行经营战略、品牌建设和日常运营管理之中，建立企业社会责任管理机制和体制。同时，支持和推动中国银行业协会第五年发布《中国银行业社会责任报告》，举办以“责任银行 和谐发展”为主题的社会责任研讨会，树立中国银行业良好的社会形象。

《企业集团财务公司履行社会责任公约承诺书》

2012 年 12 月 20 日，中国财务公司协会组织企业集团财务公司履行社会责任公约签约仪式，共有 143 家企业集团财务公司签署了《企业集团财务公司履行社会责任公约承诺书》，对引导和促进企业集团财务公司积极承担社会责任，促进生态文明建设发挥积极作用。

中国信托业协会建立信托公司社会责任评价机制

2012 年，中国信托业协会发布《信托公司社会责任评价体系》，与协会 2011 年组织制定并签署的《信托公司社会责任公约》相配套，进一步明确了信托公司履行社会责任的内容、方向、目标与要求，初步建立起信托公司社会责任评价机制。

履行企业社会责任——汇丰在中国

银监会一直支持在华外资银行履行企业社会责任，并鼓励其分享在该方面的先进理念和有益经验，从而带动行业整体水平的提升。

汇丰银行（中国）有限公司是中国最早系统性地开展企业社会责任工作的外资银行。汇丰（中国）先后开展过“投资大自然”和“与气候伙伴同行”2 个五年项目，开创了多个全国乃至世界最佳保护实践模式。2012 年 7 月，汇丰（中国）“水资源计划”正式启动，计划在五年间资助多家环保组织开展淡水资源保护项目。2012 年，汇丰（中国）共有 1,600 名员工参与志愿活动，为社区贡献 8,000 小时服务。汇丰（中国）对中国内地总捐助额达人民币 3,660 万元，共资助开展 32 个公益项目，直接受益 167,084 人。

（二）做好假日金融服务

节假日是居民出行、旅游、购物等活动明显集中的时期，迫切需要银行业提供配套金融服务。2012 年，银监会要求银行业金融机构在做好基础金融服务的同时，进一步扩大消费金融服务。一是及时增配消费金融资源。合理增放商贸旅游贷款，据实增加按揭贷款品种，为扩大假日内需提供融资支持。二是优化公众金融服务。面向社会公众和物流商贸、交通运输、酒店餐饮、旅游景区提供全方位、普适性金融服务，切实满足公众客户现金存取、货币兑换、资金托管、汇款转账、账务查询、刷卡消费等基础金融服务需求。三是强化公益金融服务。结合节假日期间老弱病残等人群和小微工商企业客户的金融需求特点，制订个性化服务方案、便利性服务措施和优惠性服务项目，完善弱势群体金融服务。四是改善景区金融服务。合理布设旅游景区，尤其是新开发景区景点的服务渠道，及时填补服务空白。

同时，督促银行业金融机构进一步改进金融服务方式，提高假日服务质量。一是提升服务的可获得性和便利性。合理安排银行服务网点和营业时间，保证有足够数量和服务半径的网点开门营业，方便客商就近办理各类银行业务。合理安排资源配置，在业务高峰期和聚集区增开柜面窗口，缩短客户排队时间。二是确保满足客户资金规划、现金支取和货币兑换等资金服务需要。全面查验银行自助服务渠道和信息系统，及时维修更换，消除系统障碍和宕机隐患。做好流动性安排，备足资金头寸，合理安排资金调配和各券别现金供应。

湖南银监局做好假日金融服务工作

2012 年，湖南银监局指导辖内银行业金融机构制订假日服务工作方案，重点做好酒店餐饮、旅游景区的金融服务保障工作，切实满足公众客户现金存取、汇款转账、刷卡消费等需求。比如，组织流动小分队宣传引导客户就近办理存取款业务、发挥手机银行作用为节日汇款及节后信用卡消费还款提供便利等。

（三）促进助学贷款可持续发展

2012 年，银监会继续推动银行业金融机构扩大助学贷款规模与范围，提高助学贷款的管理水平，为贫困学生提供全方位的金融服务。银行业金融机构一方面探索助学贷款业务新途径，优化贷款流程，提高对学生和基层的服务水平；另一方面开展政策宣传和诚信教育，加强贷后管理。

截至 2012 年底，助学贷款覆盖全国 29 个省（市、区），3,000 多所中央和地方高校，全国获得助学贷款的学生人数累计约 889.8 万人次，累计发放贷款约 830.1 亿元。

国家开发银行积极发放助学贷款

自 2005 年国家开发银行开办助学贷款业务以来，帮助数百万学子走进大学校园，仅 2012 年就新增发放贷款 120.1 亿元，支持学生 213 万人，同比分别增长 15.6% 和 13.9%。截至 2012 年底，累计发放助学贷款支持学生 774 万人次，覆盖了全国 25 个省、1,761 个县区和 2,546 所高校。同时不断深化管理，提升服务水平，使助学贷款业务继续保持健康良性运转。

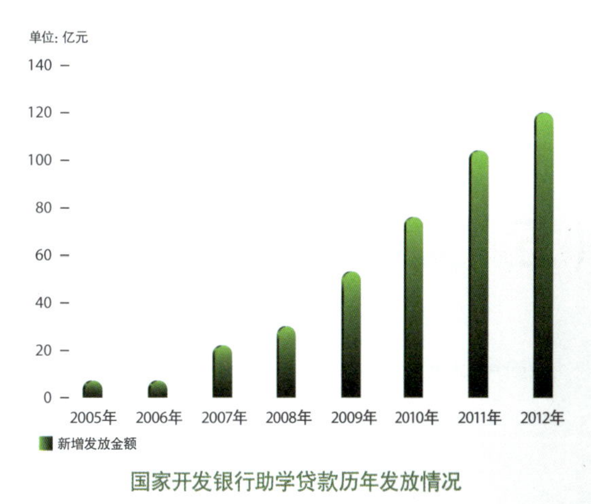

国家开发银行助学贷款历年发放情况

(四)支持公益事业和贫困地区发展

2012 年,银监会及其派出机构通过向遭受自然灾害地区捐助钱物,为见义勇为基金和"母亲邮包"捐款,慰问贫困家庭和孤寡老人,派出蹲点驻村干部调研农村金融服务需求、落实帮扶解困措施等方式,实现了"捐款捐物点对点、出人出力注实效、智力扶贫重长远"的目标。2012 年,银监会及其派出机构职工为扶贫、助学、救灾等公益事业和贫困地区发展捐款共计 475.50 万元。

尚福林主席在安徽调研

中国光大银行建设母亲水窖

中国光大银行连续 8 年支持妇女慈善事业,支持建设母亲水窖 5,393 口、小型水利工程 43 处,受益 74,207 人,涉及 9 个省(区)。

浙商银行彩虹计划

浙商银行举办大型公益助学活动——2012 浙商银行彩虹计划结对大会,通过结对捐助等形式,共捐助 3,000 余名贫困学子。

渤海银行慈善爱心支教

渤海银行在国家级贫困县山西省五台县开展主题为"爱心支教、传递希望"的支教活动。图为活动中五台县南茹九年制寄宿学校的孩子们。

(五)支持抗灾救灾和灾区重建

2012 年,银监会引导银行业金融机构支持新疆和静县、新源县 6.6 级地震,云南彝良县 5.7 级地震和北京"7·21"特大暴雨等自然灾害的抗灾救灾和灾后恢复重建工作。

一是及时启动应急处置预案，全力恢复金融服务。深入灾区督导银行业金融机构全力修复受损营业场所和机具，尽快恢复正常金融服务；适当延长网点营业时间，确保受灾群众及时办理挂失、转账和提取现金等业务。

二是加大信贷投放力度，支持灾区灾后重建。指导银行业金融机构开辟绿色通道，优先办理抗灾救灾金融服务；按照灾后重建要求，重点支持灾后基础设施及安置房建设。北京“7·21”特大暴雨发生后，银行业金融机构向房山区、平谷区发放专项贷款9亿元，用于灾后基础设施及安置房建设。同时，信贷支持受灾地区企业再生产。

广发希望慈善基金

2008年成立的“广发希望慈善基金”由广发银行与中国青少年发展基金会共同设立。基金自创建以来一直将关注的重点放在贫困孩子的健康及教育上。2012年，基金援建了112所“希望厨房”，不仅让3万多名孩子受益，而且利用银行的平台优势，让广发银行的持卡人参与到慈善事业中来。2012年11月，“广发希望慈善基金”在其官方微博“@广发慈善基金”上公布基金善款募集及捐赠明细，践行“阳光下做慈善”的承诺。

交通银行金融支持抗险救灾

交通银行积极支持抗灾救灾和灾后重建，对相关地区和企业及时给予金融服务和支持：一是积极支持灾后重建项目，如贷款支持汶川地震灾后重建项目和宝鸡市金台医院地震灾后重建项目等；二是及时支持抗灾救灾，如交通银行湖北省分行在2012年8月特大暴雨灾害发生后，回访117家受灾企业，并向受灾企业发放贷款，支持企业再生产和灾后重建；三是针对多地发生的各类自然灾害，踊跃捐款捐物、支持救灾。

云南银监局组织银行业支持彝良“9·7”地震灾区抗震救灾和灾后重建

云南是自然灾害多发省份，近年地震频发给当地人民生产生活带来严重影响。2012年9月7日，彝良发生5.7级地震，造成重大人员伤亡和财产损失。云南银监局组织银行业全力支持抗灾救灾和灾后重建：启动应急预案，确保银行职工、库款及重要凭证安全可控；优先受理和审批救灾救急贷款申请，开通捐款汇款绿色通道；组织各银行业金融机构采取搭建帐篷银行、到受灾群众集中安置点设立金融服务点等多种形式，灵活地为受灾群众提供贴心金融服务；适度调整监管指标，推动各银行机构合理安排信贷规模、灵活增加信贷投放。

广西银监局支持灾后生产恢复及维护金融稳定

2012年5月，广西多地普降暴雨，造成广西7个地市受灾，广西银监局指导辖内银行业金融机构积极支持灾后生产恢复，保证银行网点正常营业。组织辖内16家银行业金融机构前往灾区，及时开通救灾资金“绿色通道”，支持约4,000户受灾农户和203家受灾企业的灾后恢复；提供优惠利率和展期服务，切实减轻灾民和企业融资负担；合理安排信贷资金用于支持水库加固除险和农田加固堤防；按照预案第一时间完成人力资源配置进行抢险，广泛播报银行网点营业时间安排，并保障受灾期间各银行业金融机构至少有1个以上县城营业网点正常营业。

银监会系统职工摄影作品

- 经济金融形势
- 银行业监管重点
- 监管中长期规划与展望

（一）经济金融形势

展望2013年，国际方面，金融危机的深层次影响仍将继续显现，世界经济低速增长态势不会改变。欧洲主权债务压力与金融体系的脆弱性仍然突出，财政紧缩与经济增长之间的矛盾短期内难以解决。美国经济复苏前景仍面临不确定性，“财政悬崖”尚未完全解决，未来仍可能拖累经济增长。受外部需求减少、经济周期性下行等多重因素的影响，主要新兴经济体经济增长放缓，同时，在发达国家持续宽松的货币政策影响下，新兴市场国家面临的潜在通胀和资产泡沫压力也将持续上升。

国内方面，当前我国经济社会发展呈现稳中有进的良好态势，但发展中不平衡、不协调、不可持续的问题依然突出。企业生产经营成本上升和创新能力不足的问题并存，财政收入增速放缓和政府承担的刚性支出增加的矛盾凸显，消化过剩产能和稳定就业之间存在两难选择。对银行业而言，一方面，我国经济社会发展的基本面长期趋好，为银行业持续健康发展创造了有利条件；另一方面，在外部冲击和内部转型的压力下，银行业面临的风险日趋复杂，风险管控的挑战日益加大。

(二)银行业监管重点

2013 年，银监会将继续严守风险底线，确保银行业安全稳健运行；认真贯彻落实国家宏观调控政策，改善金融服务；全面推进银行业金融机构改革转型，提高银行业经营管理水平。

1. 切实防范和化解金融风险

守住不发生系统性和区域性风险底线是首要任务，特别注意防控三类风险。

一是严防信用违约风险。对平台贷款风险，继续执行“总量控制、分类管理、区别对待、逐步化解”政策，控制总量、优化结构，支持符合条件的地方政府融资平台和国家重点在建续建项目的合理融资需求；对房地产贷款风险，要认真执行房地产调控政策，落实差别化房贷要求，加强名单制管理和压力测试；对企业集群风险，要加强监测，分门别类采取措施进行防范；对产能过剩行业风险，要坚持有保有压，确保风险可控。

二是严控表外业务关联风险。要严格监管理财产品设计、销售和资金投向，严禁未经授权销售产品，严禁销售私募股权基金产品，严禁误导消费者购买上述产品，对固定收益和浮动收益理财产品实行分账经营、分类管理。

三是严管外部风险传染。重点防范民间融资和非法集资等外部风险向银行体系传染渗透。禁止银行业金融机构及员工参与民间融资，禁止银行客户转借贷款资金。

2. 积极引导银行业支持实体经济发展

正确引导信贷投向，加强对重点领域和薄弱环节的信贷支持，规范贷款资金使用，确保信贷资金投入到实体经济中去。

一是支持国家重点在建续建项目的合理信贷资金需求；二是进一步改进小微企业和“三农”金融服务，确保小微企业和“三农”贷款增速不低于当年各项贷款的平均增速；三是积极支持产业升级、绿色环保和消费、外贸等重点领域，做好城镇化配套金融服务；四是推动金融资源适度向欠发达地区和老少边穷地区倾斜；五是督导银行业合理定价、规范收费，严格执行“七不准、四公开”规定，推动降低融资成本。

3. 深入推动银行业改革转型

一是积极推进体制机制改革，提高银行业金融机构集约经营和服务水平。深入研究我国银行业“走出去”发展战略，优化海外布局；稳步推进农村信用社转制，鼓励农村信用社和农村商业银行向乡村下沉服务网点；按照商业可持续和“贴近基层、贴近社区、贴近居民”原则，探索建立多种形式的便民服务网络，强化社区金融服务。

二是以稳步实施新资本协议为契机，推动银行业金融机构完善公司治理、加强内部控制、改进 IT 和绩效考评，科学设定经营目标和考核指标，增强转型发展的内生动力，引导适应利率市场化改革要求，优化存贷款品种、结构和质量，加强利差管理和中间业务成本管理，审慎开展综合经营试点。

三是督促银行业金融机构落实消费者权益保护要求，广泛开展金融消费者宣传教育和“送金融知识下乡”活动。

四是鼓励审慎开展金融创新。支持银行业创新支持实体经济的金融产品，加快资本工具创新进程。

五是探索创新民间资本进入银行业的方式，鼓励民间资本参与发起设立新型银行业金融机构和现有机构的重组改制。

(三)监管中长期规划与展望

2012年，银监会根据"十二五"期间银行业改革和监管发展方向以及全国金融工作会议精神，在对照巴塞尔银行监管委员会《有效银行监管核心原则》进行自我评估和金融部门评估规划(FSAP)外部评估的基础上，制定印发《提高银行业监管有效性中长期规划》。该规划以进一步提高银行业监管有效性、促进银行业增强风险管理的内生动力、维护银行业安全稳健运行和健康发展为总体目标，系统规划了下一阶段提升我国银行业监管有效性的基本任务。

1. 完善微观审慎与宏观审慎有机结合的银行监管体系，切实防范区域性和系统性金融风险

一是以微观审慎与宏观审慎有机结合为目标，进一步完善审慎监管政策框架。结合我国国情，借鉴国际标准，完善公司治理、资本监管、风险管理、业务监管等领域的监管政策，并督促银行业有效实施。二是以强化风险监管和并表监管为核心，进一步优化监管方法和技术，促进银行业金融机构有效管理信用风险、市场风险、流动性风险、操作风险等各类风险，提高风险监管的针对性和风险防范的前瞻性。三是进一步优化监管流程，加强信息共享和监管联动。改进市场准入监管，提高非现场监管的前瞻性和有效性，完善以法人和风险为导向的现场检查体系。围绕对银行全面风险管理能力的评估，进一步细化和完善监管流程，提高并表监管能力。四是进一步加强对区域性和系统性风险的分析、评估和监测，完善系统性风险预警体系，及时采取早期监管应对措施，切实防范和化解金融风险。五是积极参与国际金融监管改革进程和国际监管标准的制定，增强我国话语权和参与国际规则制定的能力。

2. 推动银行业加大对重点产业和薄弱领域的信贷支持，提高服务实体经济的效能

一是要求银行业坚持服务实体经济的方向，加强对经济结构调整、自主创新、节能减排、环境保护和生态文明建设等重点领域的支持。二是推动银行业进一步改进小微企业金融服务，提高农村金融服务覆盖面，加大对经济社会发展薄弱环节的支持。三是要求银行业坚持"贴近基层、贴近社区、贴近居民"原则，增强金融服务的可获得性和便利性。四是鼓励银行业开展支持实体经济发展的产品创新、业务创新、管理创新、流程创新和信息系统创新，不断提高金融服务效能。

3. 稳步推进银行业发展转型，提高银行业稳健经营的内生动力

一是适应利率市场化改革进程，以资本监管等国际新监管标准的实施为契机，推动银行业深化改革、加快转型，建立科学的发展战略、合理的考核激励和有效的自我约束机制，提高风险管理和稳健经营的内生动力。二是督促银行业加快推进管理信息系统建设，为银行体系的安全高效运行提供坚实基础。三是引导银行业进一步完善内部控制体系，提高全面风险管理的精细化水平，切实增强风险管控能力。

4. 关注金融服务的公平与效率，加强存款人和金融消费者权益保护

一是完善银行业消费者权益保护和公众金融知识教育的相关法规和政策。二是进一步规范银行业经营行为，引导银行业合理定价、规范收费，提高金融产品和服务的透明度，维护广大存款人和金融消费者的合法权益。三是加大金融知识宣传，增进公众对现代金融的了解，提高居民风险防范意识和自我保护能力。

5. 加强监管基础设施建设和监管协调，为银行业稳健运行营造良好的外部环境

一是推动金融市场基础设施建设和中介机构规范发展，进一步完善征信体系，改善社会信用环境。二是推动建立健全银行业金融机构处置和市场退出机制。三是增进金融监管部门之间的协调，加强金融监管部门与宏观经济管理部门的沟通。四是继续推进国际双边和多边监管合作。

专题4 银行业"十二五"规划

"十二五"时期是我国全面建设小康社会的关键时期，也是金融业发展的重要战略机遇期。银监会参与《金融业发展和改革"十二五"规划》的编制工作，根据"十二五"规划纲要精神，制定了银行业发展和改革"十二五"规划，提出了"十二五"时期我国银行业发展和改革的总体思路、战略目标和主要任务。

总体思路：坚持支持实体经济持续稳健发展，实现与经济社会发展的良性互动；坚持转变银行业发展方式，不断提升银行业发展质量；坚持破解影响银行业可持续发展的深层次体制机制问题，提高金融服务水平。

战略目标：一是强化组织体系建设，大力推进银行业科学合理布局，构建功能健全、服务高效、竞争有序、安全稳健的现代化银行业体系；二是强化体制机制建设，完善银行公司治理和风险内控机制建设，增强银行体系稳健性；三是强化服务功能建设，推进金融服务专业化、特色化、精细化、品牌化，提高金融服务的可获得性及与实体经济发展的匹配度和适应性；四是强化监管有效性建设，有效防范银行业单体机构和系统性风险，维护银行业安全稳健运行。

主要任务：

一是引导银行业金融机构结合我国国情和自身实际，科学制定发展规划，加快发展方式转型。推动银行业确立符合自身特点与资源优势的市场定位，积极配合国家经济结构调整，持续优化信贷结构，转变发展战略与经营模式，提升自主创新能力。

二是深化体制机制改革，促进银行业练好内功。加快现代银行业组织体系改革，建设具有良好品牌形象和国际竞争力的大型商业银行，抓好政策性银行和社区金融服务组织两个重大领域改革。完善公司治理机制，推进和加强以资本约束和风险管理为核心的内部管控长效机制建设。以新资本协议实施为契机，提高全面风险管理能力。深化对外开放，推动银行业参与国际合作与竞争，不断提高竞争力。

三是提升金融服务水平，促进实体经济平稳健康发展。引导银行业满足实体经济有效需求，提升对"三农"、小微企业等薄弱领域的金融服务水平。拓展金融服务的广度和深度。审慎开展综合经营试点，提升并表管理能力。

四是加强监管有效性建设，维护银行业安全稳健运行。不断完善审慎监管标准，推进新监管标准的实施，改进监管技术和方式方法，优化监管工作流程，完善监管工具和指标体系，构建和完善宏观审慎监管与微观审慎监管、机构监管与功能监管、外部监管与内部控制有机结合的中国特色监管体系。

五是推动完善金融运行机制，为银行业稳健发展创造条件。加强金融市场建设，优化社会融资结构。稳妥有序开展利率市场化改革，建立健全由市场供求决定的利率形成机制。深入推进信用环境建设，维护银行业合法权益。加强银行业监管部门与宏观经济管理部门的沟通与协调。

银监会系统职工摄影作品

银监会系统职工摄影作品

10 附录

- 附录 1：内设部门及主要职责
- 附录 2：财务管理体系和财务制度
- 附录 3：部门规章及规范性文件目录（2012 年）
- 附录 4：双边监管合作谅解备忘录和监管合作协议一览表
- 附录 5：监管大事记（2012 年）
- 附录 6：主要名词术语解释

附录1 内设部门及主要职责

(一)会机关

1. 办公厅(党委办公室)

组织协调银监会机关日常工作;承担有关文件的起草、重要会议的组织、机要、文秘、文档、信访、保密、信息综合、新闻发布、保卫等工作。

2. 法规部

拟定有关银行业金融机构监管的规章制度和办法;起草有关法律和行政法规草案,提出制定或修改的建议;承担行政复议和行政应诉工作;监督、协调有关法律法规的执行;开展银行业法律咨询服务,组织法制教育和宣传。

3. 政策研究局

调查研究我国银行业改革开放与发展中的重大问题;研究国际银行监管制度、理论和实践,参与国际银行业监管政策和规则制定工作,对我国银行监管体系建设提出政策建议;研究宏观和微观审慎监管理论与实践;跟踪研究国际国内宏观经济金融形势和政策走向,及重点行业的风险变化;对我国相关银行监管政策、制度和手段进行跟踪分析和后评价;编辑出版研究局内外部刊物和管理研究局网站。

4. 银行监管一部

承办对大型商业银行的监管工作。依法审核有关机构的设立、变更、终止及业务范围;拟定监管规章制度;负责对有关机构的现场和非现场监管工作;监测资产负债比例、资产质量、业务活动、财务收支等经营管理、内部控制和风险情况;对违法违规行为进行查处;审查高级管理人员任职资格;负责新资本协议实施整体推进工作。

5. 银行监管二部

承办对股份制商业银行、城市商业银行和城市信用社的监管工作。依法审核有关机构的设立、变更、终止及业务范围;拟定监管规章制度;负责对有关机构的现场和非现场监管工作;监测资产负债比例、资产质量、业务活动、财务收支等经营管理、内部控制和风险情况;对违法违规行为进行查处;审查高级管理人员任职资格。

6. 银行监管三部

承办对外资银行的监管工作。依法审核有关机构的设立、变更、终止及业务范围;拟定监管规章制度;负责对有关机构的现场和非现场监管工作;监测资产负债比例、资产质量、业务活动、财务收支等经营管理、内部控制和风险情况;对违法违规行为进行查处;审查高级管理人员任职资格。

7. 银行监管四部

承办对政策性银行及国家开发银行、邮政储蓄机构和金融资产管理公司的监管工作。依法审核有关机构的设立、变更、终止及业务范围；拟定监管规章制度；负责对有关机构的现场和非现场监管工作；监测资产负债比例、资产质量、业务活动、财务收支等经营管理、内部控制和风险情况；对违法违规行为进行查处；审查高级管理人员任职资格。

8. 非银行金融机构监管部

承办对非银行金融机构（证券、期货和保险类除外）的监管工作。依法审核有关机构的设立、变更、终止及业务范围；拟定监管规章制度；负责对有关机构的现场和非现场监管工作；监测资产负债比例、资产质量、业务活动、财务收支等经营管理、内部控制和风险情况；对违法违规行为进行查处；审查高级管理人员任职资格。

9. 合作金融机构监管部

承办对农村存款类合作金融机构、新型农村金融机构的监管工作。规范管理，推动有关机构体制改革；拟定对有关机构资产负债比例管理、资产质量管理、风险管理、利率监管等制度，对其风险情况进行监控，督促其完善内部监督和制约机制；拟定有关机构设置条件、业务经营范围、法人代表任职资格等管理办法并组织实施；对违法违规行为进行查处。

10. 银行业信息科技监管部

负责制定银行业信息科技监管制度、标准，并组织实施；开展银行业金融机构信息科技风险监管；指导银行业金融机构信息科技建设管理工作；拟定银监会信息科技总体架构；负责银监会派出机构信息科技风险监管和信息化建设归口管理；负责与国家有关部门、各国银行业监管机构进行交流合作和信息交换。

11. 业务创新监管协作部

协调银监会内部监管部门在法定职权范围内制定统一的业务创新审慎监管标准；制定业务创新监管的专业化操作规程，为会内监管部门提供专业化监管和协助；为会内监管部门对业务创新的持续监管提供技术指导和支持；依法配合有关部门制定创新业务规则；参与人民银行、证监会、保监会等部门研究分析银行业金融机构业务创新及监管情况，制定相应的风险监管策略；就银行业金融机构业务创新监管的相关情况与会外有关部门进行联系、协调。

12. 银行业消费者权益保护局

研究国内外金融领域消费者（投资者）权益保护情况；制定符合我国国情的银行业金融机构消费者权益保护总体战略；研究制定银行业金融机构消费者权益保护政策法规，协调推动建立并完善银行业金融机构消费者服务、教育和保护机制以及银行业金融机构消费者投诉受理及相关处理的运行机制；组织开展银行业金融机构消费者权益保护实施情况的监督检查，依法纠正和处罚不当行为。

13. 融资性担保业务工作部

承担融资性担保业务监管部际联席会议日常工作；负责协调有关部门研究制定促进融资性担保业务发展的政策建议；拟定融资性担保业务监督管理制度；协调有关部门共同解决融资性担保业务监管中的重大问题；指导地方人民政府对融资性担保业务进行监管和风险处置。

14. 银行业案件稽查局（银行业安全保卫局）

负责拟定银行业金融机构违法违规案件调查的规则；组织、协调、指导银行业金融机构违法违规案件的调查；指导、督促派出机构稽查工作和银行业金融机构案件查防工作；指导、检查银行业金融机构的安全保卫工作。

15. 处置非法集资办公室（处置非法集资部际联席会议办公室）

参与制定、修订与处置非法集资相关的政策法规；负责非法集资的认定、查处和取缔及相关的组织协调工作；向有关部门移送非法集资案件；配合有关部门进行金融投资方面的宣传教育；负责有关处置非法集资方面的政策解释和业务指导；承担与国务院处置非法集资部际联席会议相关单位的联络工作等。

16. 统计部

负责制定和完善银行业监管统计管理办法与银监会系统统计工作发展规划；建设和完善银行业监管数据信息系统；汇总和编制银行业各类综合监管统计报表；跟踪分析宏观经济金融形势，对银行业的宏观性、系统性风险进行监测和预警；推进银行业统计数据信息的披露与共享。

17. 财务会计部

研究拟定银行业会计制度实施细则和管理规定，审核金融机构会计制度和业务核算办法，监督、指导、协调金融机构会计工作；管理银监会财务工作；管理银监会基本建设、政府采购、固定资产工作；研究协调被监管机构收费工作。

18. 国际部（港澳台事务办公室）

承办银监会与国际金融组织、有关国家和地区监管机构等金融组织的官方联系及业务往来的有关工作；负责银监会外事管理工作；负责银监会港澳台事务。

19. 监察局（纪委）

监督检查银监会系统贯彻执行国家法律、法规、政策的情况，依法依纪查处违反国家法律、法规和政纪的行为，受理监察对象的检举、控告和申诉；领导银监会系统的监察（纪检）工作。

20. 人事部（党委组织部）

拟定会机关和派出机构人力资源管理的规章、制度和办法；承办会机关和派出机构及有关单位的人事管理工作；根据规定，负责有关金融机构领导班子和领导干部的日常管理工作；负责指导银监会系统党的组织建设和党员教育管理工作；负责会机关及银监会系统干部教育培训工作。

21. 宣传工作部（党委宣传部）

负责银监会系统党的思想建设和宣传工作；负责思想政治工作和精神文明建设。

22. 机关党委

负责银监会机关及在京直属单位的党群工作。

23. 团委

负责银监会系统团员青年工作。

24. 系统工会

负责银监会系统工会工作。

25. 党校

负责银监会系统党校工作。

26. 信息中心

根据银监会信息化建设整体规划，具体负责银监会机关信息科技建设与管理，包括信息化建设集成、开发、外包、运行、维护和技术培训等项目实施和管理工作。

27. 培训中心

根据银监会的任务和职能要求，会同人事部拟定银监会系统干部培训的制度、中长期培训规划、年度培训计划，并负责组织实施。

28. 机关服务中心

负责银监会机关行政管理（含政府采购、节能减排工作）和后勤服务保障工作。

（二）派出机构

1. 省、自治区、直辖市银监局

根据银监会的授权，制定有关监管法规、制度方面的实施细则和规定；负责对有关银行业金融机构及其分支机构的设立、变更、终止和业务活动的监督管理；依法对金融违法、违规行为进行查处；审查和批准高级管理人员任职资格；统计有关数据和信息；负责局机关和系统党的建设、纪检和干部管理工作。

2. 计划单列市银监局

根据银监会的授权，制定有关监管法规、制度方面的实施细则和规定；负责对有关银行业金融机构及其分支机构的设立、变更、终止和业务活动的监督管理；依法对金融违法、违规行为进行查处；审查和批准高级管理人员任职资格；统计有关数据和信息，在上报银监会的同时抄报所在省银监局；负责局机关和系统党的建设、纪检和干部管理工作。

3. 银监分局

根据银监会和省、自治区、直辖市银监局的授权，负责对有关银行业金融机构及其分支机构的设立、变更、终止和业务活动的监督管理；依法对金融违法、违规行为进行查处；审查和批准高级管理人员任职资格；负责未设监管办事处的县市的城市信用社和农村信用社及联社的监管工作；统计有关数据和信息；负责分局机关和系统党的建设、纪检和干部管理工作。

监管办事处主要根据银监局或银监分局的授权，负责所在县市的银行业金融机构、城市信用社和农村信用社及联社的监管工作，收集所在县市有关金融风险的信息并向上级机构报告。

附录 2 财务管理体系和财务制度

按照财政部的有关规定，银监会实行监管收费、部门预算、“收支两条线”的财务管理体系，每年向被监管金融机构收取的银行业机构监管费和业务监管费直接缴入国库，履行银行业监管职责所需要的经费由财政部通过部门预算核拨。

银监会自 2004 年起，向被监管的各类商业银行、信用社、财务公司、信托公司、金融租赁公司、邮政储蓄银行和其他银行业金融机构收取银行业机构监管费和业务监管费。2012 年机构监管费按被监管机构上年底实收资本的 0.05% 并考虑风险因素收取；业务监管费按被监管机构上年底资产总额（扣除实收资本）的一定比例分档累加并考虑风险因素计收。具体标准为：业务监管费 =（上年底资产总额 - 上年底实收资本）× 分档费率 × 风险调整系数 - 境外分支机构在所在国家缴纳的监管费。银行业监管费收入纳入财政预算，由被监管机构直接缴入国库。银监会作为执收机构负责征收和催缴工作，财政部驻各地财政监察专员办事处负责监缴。

自 2004 年起，银监会实行中央部门预算，分为基本支出预算和项目支出预算。基本支出预算资金主要用于保证银监会各级机构正常运转和完成日常监管工作任务；项目支出预算资金主要用于完成办公用房租赁及修缮、办公设备及车辆购置、电子化建设和稽查办案等特定工作任务。实行部门预算以来，银监会严格执行财政部颁布的《中国银监会、中国证监会、中国保监会财务管理暂行办法》的规定，坚持“高效、节约地使用一切监管资源”的监管标准，按照统筹兼顾、保证重点、以人为本、勤俭办会的原则，合理配置和使用财务预算资金，为监管工作提供强有力的财务保障。

附录 3 部门规章及规范性文件目录（2012 年）

2012 年印发的部门规章目录

2012 年，银监会以“中国银监会令”的形式，印发部门规章 1 件。

2012 第 1 号	商业银行资本管理办法（试行），2012 年 6 月 7 日。

2012 年印发的部分规范性文件目录

银监办发〔2012〕2 号	中国银监会办公厅关于印发农村中小金融机构行政许可事项申请材料目录及格式要求的通知，2012 年 1 月 5 日。
银监发〔2012〕3 号	中国银监会关于整治银行业金融机构不规范经营的通知，2012 年 1 月 20 日。
银监发〔2012〕4 号	中国银监会关于印发绿色信贷指引的通知，2012 年 1 月 29 日。
银监发〔2012〕9 号	中国银监会关于全面做好 2012 年农村金融服务工作的通知，2012 年 2 月 27 日。
银监发〔2012〕13 号	中国银监会关于完善银行业金融机构客户投诉处理机制切实做好金融消费者保护工作的通知，2012 年 3 月 23 日。
银监办发〔2012〕144 号	中国银监会办公厅关于银行业金融机构加强残疾人客户金融服务工作的通知，2012 年 5 月 7 日。
银监办发〔2012〕158 号	中国银监会办公厅关于银行业金融机构发起设立村镇银行有关事项的通知，2012 年 5 月 23 日。
银监发〔2012〕27 号	中国银监会关于鼓励和引导民间资本进入银行业的实施意见，2012 年 5 月 26 日。
银监发〔2012〕34 号	中国银监会关于印发银行业金融机构绩效考评监管指引的通知，2012 年 6 月 12 日。
银监办发〔2012〕189 号	中国银监会办公厅关于农村中小金融机构实施富民惠农金融创新工程的指导意见，2012 年 6 月 18 日。
银监办发〔2012〕190 号	中国银监会办公厅关于农村中小金融机构实施金融服务进村入社区工程的指导意见，2012 年 6 月 18 日。
银监办发〔2012〕191 号	中国银监会办公厅关于农村中小金融机构实施阳光信贷工程的指导意见，2012 年 6 月 18 日。
银监发〔2012〕38 号	中国银监会关于规范农村信用社省（自治区）联合社法人治理的指导意见，2012 年 7 月 2 日。

银监发〔2012〕50 号	中国银监会关于印发《农户贷款管理办法》的通知，2012 年 9 月 17 日。
银监办发〔2012〕292 号	中国银监会办公厅关于银行业金融机构分支机构变更营业场所问题的通知，2012 年 11 月 1 日。
银监发〔2012〕56 号	中国银监会关于商业银行资本工具创新的指导意见，2012 年 11 月 29 日。
银监发〔2012〕57 号	中国银监会关于实施《商业银行资本管理办法（试行）》过渡期安排相关事项的通知，2012 年 11 月 30 日。
银监办发〔2012〕330 号	中国银监会办公厅关于做好老少边穷地区农村金融服务工作有关事项的通知，2012 年 12 月 11 日。
银监发〔2012〕44 号	中国银监会关于印发《商业银行监事会工作指引》的通知，2012 年 12 月 24 日。

附录 4 双边监管合作谅解备忘录和监管合作协议一览表

	机构名称	机构外文名称	生效时间
1.	澳门金融管理局	Monetary Authority of Macao	2003 年 8 月 22 日
2.	香港金融管理局	Hong Kong Monetary Authority	2003 年 8 月 25 日
3.	英国金融服务局	Financial Services Authority, U.K.	2003 年 12 月 10 日
4.	韩国金融监督委员会	Financial Supervisory Commission, Korea	2004 年 2 月 3 日
5.	新加坡金融管理局	Monetary Authority of Singapore	2004 年 5 月 14 日
6-1.	美联储 美国货币监理署 美国联邦存款保险公司	Board of Governors of the Federal Reserve System (FED), U.S. Office of the Comptroller of the Currency (OCC), U.S. Federal Deposit Insurance corporation (FDIC), U.S.	2004 年 6 月 17 日
6-2.	美国加利福尼亚州金融厅	California Department of Financial Institutions, U.S.	2007 年 11 月 6 日
6-3.	美国纽约州银行厅	New York State Banking Department, U.S.	2009 年 5 月 7 日
7.	加拿大金融机构监管署	Office of the Superintendent of Financial Institutions, Canada	2004 年 8 月 13 日
8.	吉尔吉斯共和国国家银行	National Bank of the Kyrgyz Republic	2004 年 9 月 21 日
9.	巴基斯坦国家银行	State Bank of Pakistan	2004 年 10 月 15 日
10.	德国联邦金融监理署	Federal Financial Supervisory Authority (BaFin), Germany	2004 年 12 月 6 日
11.	波兰共和国银行监督委员会	Commission for Banking Supervision of the Republic of Poland	2005 年 2 月 27 日
12.	法兰西共和国银行委员会	Commission Bancaire, France	2005 年 3 月 24 日
13.	澳大利亚审慎监管署	Australian Prudential Regulation Authority	2005 年 5 月 23 日
14.	意大利中央银行	Banca d'Italia	2005 年 10 月 17 日

	机构名称	机构外文名称	生效时间
15.	菲律宾中央银行	Bangko Sentral ng Pilipinas	2005年10月18日
16.	俄罗斯联邦中央银行	Central Bank of the Russian Federation	2005年11月3日
17.	匈牙利金融监管局	Hungarian Financial Supervisory Authority	2005年11月21日
18.	哈萨克斯坦金融监管署	Agency of the Republic of Kazakhstan on Regulation and Supervision of Financial Market and Financial Organizations	2005年12月14日
19.	西班牙中央银行	Banco de Espana	2006年4月10日
20.	泽西岛金融服务委员会	Jersey Financial Services Commission	2006年4月27日
21.	土耳其银行监理署	Banking Regulation and Supervision Agency of Turkey	2006年7月11日
22.	泰国中央银行	Bank of Thailand	2006年9月18日
23.	乌克兰中央银行	National Bank of Ukraine	2007年1月30日
24.	白俄罗斯国家银行	National Bank of the Republic of Belarus	2007年4月23日
25.	卡塔尔金融中心监管局	Qatar Financial Centre Regulatory Authority	2007年5月11日
26.	冰岛金融监管局	Icelandic Financial Supervisory Authority	2007年6月11日
27.	迪拜金融服务局	Dubai Financial Services Authority	2007年9月24日
28.	瑞士联邦银行委员会	Swiss Federal Banking Commission	2007年9月29日
29.	荷兰中央银行	De Nederlandsche Bank	2007年12月25日
30.	卢森堡金融监管委员会	Commission de Surveillance du Secteur Financier, Luxemburg	2008年2月1日
31.	越南国家银行	State Bank of Vietnam	2008年5月5日
32.	比利时金融监管委员会	Banking, Finance and Insurance Commission of Belgium	2008年9月25日

	机构名称	机构外文名称	生效时间
33.	爱尔兰金融服务监管局	Irish Financial Services Regulatory Authority	2008 年 10 月 23 日
34.	尼日利亚中央银行	Central Bank of Nigeria	2009 年 2 月 6 日
35.	马来西亚中央银行	Bank Negara Malaysia	2009 年 11 月 11 日
36.	台湾方面金融监督管理机构	Taiwan Financial Regulatory Agency	2009 年 11 月 16 日
37.	捷克中央银行	The Czech National Bank	2010 年 1 月 5 日
38.	马耳他金融服务局	The Malta Financial Services Authority	2010 年 2 月 2 日
39.	印度尼西亚中央银行	Bank of Indonesia	2010 年 7 月 15 日
40.	南非储备银行	The Bank Supervision Department of The South African Reserve Bank	2010 年 11 月 17 日
41.	塔吉克斯坦国家银行	National Bank of Tajikistan	2010 年 11 月 25 日
42.	印度储备银行	Reserve Bank of India	2010 年 12 月 16 日
43.	古巴中央银行	Central Bank of Cuba	2011 年 6 月 5 日
44.	智利银行和金融机构监理署	The Superintendency of Banks and Financial Institutions of Chile	2011 年 6 月 9 日
45.	阿联酋中央银行	The Central Bank of the United Arab Emirates	2011 年 7 月 13 日
46.	塞浦路斯中央银行	The Central Bank of Cyprus	2011 年 7 月 15 日
47.	阿根廷中央银行金融交易机构监管署	The Central Bank of Argentina (The Superintendence of Financial and Exchange entities)	2011 年 10 月 5 日
48.	耿西金融服务委员会	Guernsey Financial Services Commission	2011 年 11 月 15 日
49.	巴西中央银行	Banco Central do Brasil	2012 年 6 月 21 日

附录 5 监管大事记（2012 年）

1月4日 尚福林主席会见香港证监会时任主席方正先生。

1月7-8日 银监会召开 2012 年监管工作会议，全面总结 2011 年工作，分析当前银行业改革发展和风险防范形势，部署 2012 年重点工作，要求防控重点风险，守住风险底线，不断改进金融服务，促进实体经济科学发展，深化体制机制改革，加快转变发展方式，加强监管能力建设，提高监管有效性。

1月8日 银监会派代表赴巴塞尔出席金融稳定理事会全体会议及央行行长和监管当局负责人会议。

1月11-12日 银监会召开 2012 年大型商业银行监管工作会议，要求大型商业银行稳健经营，深化机制改革，强化风险管控，改善金融服务，更好地服务经济社会全面协调可持续发展。

1月18日 银监会与卡塔尔金融中心监管局签署《跨境危机管理合作协议》。

1月20日 银监会印发《关于整治银行业金融机构不规范经营的通知》，明确提出“七不准”和“四公开”的基本原则，要求深入整治存贷款和服务收费两大领域存在的不规范经营问题。

1月29日 银监会印发《关于印发绿色信贷指引的通知》，对银行业金融机构有效开展绿色信贷、大力促进节能减排和环境保护提出了明确要求，配合国家节能减排战略的实施，充分发挥银行业金融机构在引导社会资金流向、配置资源方面的作用。

2月9-10日 银监会召开 2012 年农村中小金融机构监管工作会议，要求农村中小金融机构服务“三农”科学发展，坚决守住不发生区域性和系统性风险的底线，全面提升农村金融服务的质量和水平。

2月13-14日 银监会召开 2012 年外资银行监管工作会议，强调坚持对外开放，严守风险底线，进一步提高银行业对外开放的质量和水平。

2月16-17日 银监会召开 2012 年中小商业银行监管工作会议，要求中小商业银行加强内部控制，严守风险底线，坚持服务实体经济特别是小微企业，实现稳健经营和科学发展。

2月20日	银监会召开2012年地方政府融资平台贷款风险监管工作会议，强调深化整改、缓释风险，进一步推进地方政府融资平台贷款清理规范工作。
2月21日	银监会与土耳其银行监理署签署《跨境问题机构处置合作协议》。
2月23-24日	银监会召开2012年创新监管工作会议，强调金融创新要更加注重满足实体经济需求，要求着力加强监管引领，增强功能监管的有效性。
2月27日	银监会印发《关于全面做好2012年农村金融服务工作的通知》，要求银行业金融机构认真贯彻落实中央精神，以推进农业科技创新、持续增强农产品供给保障能力为重点，全面做好农村金融服务工作。
2月28日	银监会召开2012年信息科技工作会议，要求以信息科技为支撑提升银行业服务水平和风险控制能力，并持续加强信息科技风险防范。同时，不断优化信息科技监管组织架构，提升监管有效性。
3月19-20日	银监会召开2012年法规工作会议，要求进一步完善监管法规体系，依法加强银行监管工作。
3月20日	尚福林主席会见加拿大央行行长、金融稳定理事会主席马克·卡尼(Mark Carney)先生。
3月22日	尚福林主席会见澳大利亚储备银行行长格伦·史蒂文斯(Glenn Stevens)先生。
3月23日	银监会印发《关于完善银行业金融机构客户投诉处理机制 切实做好金融消费者保护工作的通知》，要求设立或指定投诉处理部门，完善客户投诉处理、金融消费者保护机制。
3月26-27日	银监会召开2012年非银行金融机构监管工作会议，要求严守风险底线，支持实体经济发展，加快转变发展方式，提高监管科学化水平。
3月27日	银监会主持召开2012年融资性担保业务监管部际联席会议第一次会议。
3月31日	中编办批复银监会设立银行业消费者权益保护局。

4月5日　尚福林主席会见泰国银行行长张旭洲（Parsarn Trairatvorakul）先生一行。

4月5日　国际货币基金组织正式公布了金融部门评估规划关于中国遵循有效银行监管核心原则的详细评估报告，对中国银行业监管给予了高度评价和充分肯定，并对进一步提高监管有效性提出了建议。

4月9日　银监会启动“中国银行业小微企业金融服务成就展暨宣传月活动”。

4月12日　尚福林主席会见荷兰大使裴靖康（Bekink Rudolf Simon）先生。

4月20日　银监会召开2012年第一次经济金融形势通报分析会，要求加强宏观经济形势研判，守住风险底线，引导银行信贷平稳合理增长，稳步推进银行业改革创新，深入开展不规范经营专项整治。

4月26日　尚福林主席会见海基会江丙坤董事长。

4月27日　银监会召开2011年度全国小微企业金融服务评优表彰大会，总结近年来我国小微企业金融服务工作的发展成果和经验，并对在小微企业金融服务工作中表现突出、成绩显著的先进单位和先进个人进行表彰。

5月3日　尚福林主席会见美联储主席本·伯南克（Ben Bernanke）先生。

5月7日　银监会印发《关于银行业金融机构加强残疾人客户金融服务工作的通知》，要求银行业金融机构牢固树立公平对待金融消费者的理念，完善无障碍设施建设和改造，提升为残疾人客户服务的能力。

5月14日　银监会与迪拜金融服务局签署《跨境危机管理合作协议》。

5月14日　尚福林主席会见瑞典金管局局长马丁·安德森（Martin Anderson）先生。

5月15日　中国共产党中国银行业监督管理委员会系统代表会议在京召开，274名银监会系统党代表会议代表参加会议，选举产生4名银监会系统党的十八大代表。

5月15日	尚福林主席会见台湾方面金融监督管理机构负责人陈裕璋先生。
5月16日	银监会与国际金融公司共同举办第一届“新兴市场绿色信贷论坛”，这是首次以新兴市场国家为主的绿色信贷国家会议。来自韩国等12个新兴市场国家的银行监管部门、国内外银行业金融机构、可持续银行领域的相关国际组织出席了会议。
5月17日	尚福林主席会见西班牙大使欧亨尼奥·布雷格拉特（Eugenin Bregolat）先生。
5月22日	尚福林主席会见欧洲银行监管局局长恩瑞亚（Andrea Enria）先生。
5月23日	银监会印发《关于银行业金融机构发起设立村镇银行有关事项的通知》，规范村镇银行主发起行资格和设立地点核准流程，明确申请及审核要求。
5月26日	银监会印发《关于鼓励和引导民间资本进入银行业的实施意见》，明确支持民间资本与其他资本按同等条件进入银行业，强调要为民间资本进入银行业创造良好环境，促进民间资本投资的银行业金融机构稳健经营。
5月29日	尚福林主席赴香港出席金融稳定理事会全体会议，并与香港金管局进行双边磋商。
5月31日	银监会银行业信息科技监管部正式成立，强调进一步加强银行业信息科技监管督导和专项排查工作，维护银行业稳健运行。
5月31日	银监会与香港金管局第十五次双边磋商会议在香港举行。
6月7–8日	尚福林主席出席全国城市商业银行发展论坛第十二次会议暨城市商业银行监管工作座谈会，要求城市商业银行加强内部控制，严守风险底线，提升服务水平，助力实体经济。
6月7日	银监会印发《商业银行资本管理办法（试行）》，建立统一配套的资本充足率监管体系，严格明确资本定义，扩大资本覆盖风险范围，强调科学分类、差异监管，并合理安排资本充足率达标过渡期。
6月11日	台湾方面金融监督管理机构签发中国银行和交通银行台北分行的营业执照，两行成为首批获准在台湾地区正式营业的大陆商业银行。

6月12日　　银监会全面启动实施“金融服务进村入社区”、“阳光信贷”和“富民惠农金融创新”三大工程，要求农村中小金融机构下沉服务重心，提升服务能力，全面做好农村金融服务工作。

6月12日　　银监会印发《银行业金融机构绩效考评监管指引》，要求银行业金融机构树立稳健绩效观，不断完善绩效考评制度体系，建立健全管理机制、传导机制和综合应用机制，充分发挥绩效考评对稳健经营和科学发展的引导作用。

6月19日、12月13日　　银监会派代表赴斯德哥尔摩、巴塞尔出席巴塞尔银行监管委员会会议。

6月21日　　银监会与巴西中央银行签署《双边监管合作谅解备忘录》。

6月28日　　第七次中日韩三方监管研讨会暨第五次三方副手会在韩国举行。

6月29日　　尚福林主席在2012年陆家嘴论坛上发表题为“稳步实施新监管标准 促进银行业发展转型”的讲话，并会见新加坡金融管理局总裁孟文能（Ravi Menon）先生。

7月2日　　银监会印发《关于规范农村信用社省（自治区）联合社法人治理的指导意见》，规范省联社法人治理框架与职责，明确细化省联社履职范围，强化省联社内控要求。

7月5日　　尚福林主席会见德国联邦金融监理署主席柯尼希（Elke Koenig）女士和德国央行副行长派特尔（Sabine Peiter）女士一行。

7月13日　　尚福林主席会见波兰国家银行行长贝尔卡（Marek Belka）先生一行。

7月18日　　银监会成立中国银行业实施巴塞尔新资本协议专家指导委员会。

7月26日　　银监会召开2012年第二次经济金融形势通报分析会议，要求加强对重点领域的风险防控，更加有效地支持实体经济稳步增长，加快推进银行业改革转型。

7月27日　　银监会召开2012年中监管工作会议，要求银行业坚决守住风险底线，持续改善实体经济金融服务，进一步深化银行业及监管体制机制改革。

9月4-6日	尚福林主席陪同时任国务院副总理王岐山同志赴吉林考察农村金融工作，并出席东北亚博览会开幕式及东北亚经贸合作高层论坛。
9月13日	银监会派代表赴伊斯坦布尔出席国际银行监督官大会。
9月17日	尚福林主席出席全国股份制商业银行第十一次行长联席会议，要求股份制商业银行进一步加大服务实体经济力度，强化全面风险管理理念，加快战略转型和业务创新。
9月17日	《金融业发展和改革“十二五”规划》正式公布，明确了“十二五”时期金融业发展和改革的重点任务。
9月17日	银监会印发《关于印发 < 农户贷款管理办法 > 的通知》，要求改善农村金融服务的便利性和可获得性，强调保护农户消费者权益，规范农户贷款业务流程，强化风险控制。
9月27日	银监会召开2012年度现场检查工作联席会议，总结“资产分类真实性监管核查”工作进展，分析银行业金融机构资产分类真实性存在的问题及其原因，提出下一步工作措施。
10月10日	银监会派代表赴东京出席金融稳定理事会全体会议。
10月11日	银监会召开2012年市场准入工作联席会议，要求严格按照“坚守风险底线、服务实体经济、转变发展方式、加强有效监管”的原则开展准入工作，增强准入工作的针对性、前瞻性和有效性。
10月15-19日	第六次中美银行业监管磋商会议在美国举行。
10月17日	尚福林主席会见巴基斯坦银行行长亚辛·安瓦尔（Yaseen Anwar）先生。
10月18日	银监会与香港金管局第十六次双边磋商会议在北京举行。
10月19日	银监会召开2012年第三次经济金融形势通报分析会议，要求进一步加大对实体经济的金融支持，开展重点领域风险排查工作，加快推进银行业改革转型，全力做好维稳和舆情应对工作。

10月29日　尚福林主席会见香港特别行政区政府财政司司长曾俊华先生一行。

11月1日　银监会印发《关于银行业金融机构分支机构变更营业场所问题的通知》，明确取消银行业金融机构分支机构变更营业场所行政审批事项后的监管要求。

11月11日　尚福林主席作为中共十八大代表，在十八大新闻中心接受中外记者集体采访。

11月16日　银监会召开党委扩大会议，传达和学习贯彻党的十八大、十八届一中全会以及十七届七中全会精神。

11月20日　银监会召开银行业消费者权益保护工作会议，强调保护银行消费者权益是银行监管工作的重要目标，要求银行业金融机构及监管部门全面落实银行业消费者保护各项工作要求。

11月20日、12月18日　银监会召开党委中心组理论学习会议，深入学习贯彻党的十八大精神。

11月22日　银监会召开2012年非现场监管工作联席会议，研究讨论强化非现场监管地位和作用的新做法以及新资本协议实施后的非现场监管等问题。

11月29日　银监会印发《关于商业银行资本工具创新的指导意见》，提出“以商业银行为主体、先易后难稳步推进、先探索后推广”的资本工具创新基本原则。

11月29–30日　银监会主持召开中国银行、交通银行监管（国际）联席会议，来自9个国家和地区监管当局的国际代表以及中国银行、交通银行的代表出席了会议。

11月30日　银监会印发《关于实施<商业银行资本管理办法（试行）>过渡期安排相关事项的通知》，明确过渡期内分年度资本充足率监管要求，提出过渡期内的监管措施。

12月3日　银监会召开中国银行业信息科技风险管理2012年会暨银行业信息科技风险管理高层指导委员会全体会议，要求银行业金融机构提升银行信息科技实力，以科技进步和创新支持银行业提高竞争力，促进可持续健康发展。

12 月 6–7 日　银监会在北京召开国际咨询委员会第十次会议。

12 月 11 日　银监会印发《关于做好老少边穷地区农村金融服务工作有关事项的通知》，要求持续提升革命老区、民族地区、边疆地区、贫困地区的农村金融服务水平，促进金融服务均等化建设。

12 月 13 日　尚福林主席会见香港银行公会及香港金融管理局代表团。

12 月 17 日　第六次中新银行业监管磋商在新加坡举行。

12 月 18 日　银监会召开十八大精神专题研修班暨工作研讨会议，强调要结合实际，突出实效，积极服务实体经济，牢牢坚守风险底线，深入推进银行业改革，突出加强消费者保护，着力强化监管能力建设。

12 月 24 日　银监会印发《关于印发 < 商业银行监事会工作指引 > 的通知》，对商业银行监事会的组织架构、职责与权利、监督职责、激励约束机制等提出了规范性要求。

附录 6 主要名词术语解释

机构类型/名称	文中释义	统计口径
银行业金融机构	包括政策性银行及国家开发银行、大型商业银行、股份制商业银行、城市商业银行、农村合作金融机构、邮政储蓄银行、金融资产管理公司、外资银行、非银行金融机构和新型农村金融机构	包括政策性银行及国家开发银行、大型商业银行、股份制商业银行、城市商业银行、农村合作金融机构、邮政储蓄银行、外资银行、非银行金融机构和新型农村金融机构
政策性银行及国家开发银行	包括国家开发银行、中国进出口银行和中国农业发展银行	（同左栏）
商业银行	包括大型商业银行、股份制商业银行、城市商业银行、农村商业银行和外资银行	（同左栏）
主要商业银行	包括大型商业银行和股份制商业银行	（同左栏）
大型商业银行	包括中国工商银行、中国农业银行、中国银行、中国建设银行和交通银行	（同左栏）
中小商业银行	包括股份制商业银行和城市商业银行	（无）
股份制商业银行	包括中信银行、中国光大银行、华夏银行、广发银行、平安银行、招商银行、上海浦东发展银行、兴业银行、中国民生银行、恒丰银行、浙商银行和渤海银行	（同左栏）
金融资产管理公司	包括中国华融资产管理股份有限公司、中国长城资产管理公司、中国东方资产管理公司和中国信达资产管理股份有限公司	（同左栏）
非银行金融机构	包括信托公司、企业集团财务公司、金融租赁公司、货币经纪公司、汽车金融公司和消费金融公司	（无）
农村中小金融机构	包括农村合作金融机构和新型农村金融机构	（同左栏）
农村合作金融机构	包括农村信用社、农村合作银行和农村商业银行	（同左栏）
新型农村金融机构	包括村镇银行、贷款公司和农村资金互助社	（同左栏）

附表 1 银行业金融机构总资产情况表(2003 – 2012 年)

单位:亿元

机构/年份	2003 年	2004 年	2005 年	2006 年	2007 年	2008 年	2009 年	2010 年	2011 年	2012 年
银行业金融机构	276,584	315,990	374,697	439,500	531,160	631,515	795,146	953,053	1,132,873	1,336,224
政策性银行业及国家开发银行	21,247	24,123	29,283	34,732	42,781	56,454	69,456	76,521	93,133	112,174
大型商业银行	160,512	179,817	210,050	242,364	285,000	325,751	407,998	468,943	536,336	600,401
股份制商业银行	29,599	36,476	44,655	54,446	72,742	88,337	118,181	149,037	183,794	235,271
城市商业银行	14,622	17,056	20,367	25,938	33,405	41,320	56,800	78,526	99,845	123,469
农村商业银行	385	565	3,029	5,038	6,097	9,291	18,661	27,670	42,527	62,751
农村合作银行	–	–	2,750	4,654	6,460	10,033	12,791	15,002	14,025	12,835
城市信用社	1,468	1,787	2,033	1,831	1,312	804	272	22	30	–
农村信用社	26,509	30,767	31,427	34,503	43,434	52,113	54,945	63,911	72,047	79,535
非银行业金融机构	9,100	8,727	10,162	10,594	9,717	11,802	15,504	20,896	26,067	32,299
外资银行	4,160	5,823	7,155	9,279	12,525	13,448	13,492	17,423	21,535	23,804
新型农村金融机构和邮政储蓄银行	8,984	10,850	13,787	16,122	17,687	22,163	27,045	35,101	43,536	53,511

注:2003 —2006 年为境内合计,2007 —2012 年为法人合计。

附表 2 银行业金融机构总负债情况表（2003 – 2012 年）

单位：亿元

机构/年份	2003 年	2004 年	2005 年	2006 年	2007 年	2008 年	2009 年	2010 年	2011 年	2012 年
银行业金融机构	265,945	303,253	358,070	417,106	500,763	593,614	750,706	894,731	1,060,779	1,249,515
政策性银行业及国家开发银行	20,291	23,005	27,760	33,006	39,203	52,648	65,393	72,159	88,231	106,647
大型商业银行	154,002	172,180	200,453	228,824	269,176	306,142	386,036	440,332	502,591	560,879
股份制商业银行	28,621	35,333	43,320	52,542	69,350	83,924	112,541	140,872	173,000	222,130
城市商业银行	14,123	16,473	19,540	24,723	31,521	38,651	53,213	73,703	93,203	115,395
农村商业银行	380	538	2,873	4,789	5,767	8,756	17,546	25,643	39,208	57,841
农村合作银行	–	–	2,574	4,359	6,050	9,381	11,940	13,887	12,959	11,796
城市信用社	1,464	1,766	2,001	1,781	1,247	757	255	21	24	–
农村信用社	26,646	30,035	30,106	33,005	41,567	49,893	52,601	61,118	68,575	75,521
非银行业金融机构	7,683	7,745	9,126	9,424	7,961	9,492	12,649	17,063	21,310	26,194
外资银行	3,751	5,329	6,530	8,532	11,353	12,028	11,818	15,569	19,431	21,249
新型农村金融机构和邮政储蓄银行	8,984	10,850	13,787	16,122	17,568	21,942	26,713	34,365	42,247	51,712

注：2003 –2006 年为境内合计，2007 –2012 年为法人合计。

附表 3 银行业金融机构所有者权益情况表（2003 – 2012 年）

单位：亿元

机构/年份	2003 年	2004 年	2005 年	2006 年	2007 年	2008 年	2009 年	2010 年	2011 年	2012 年
银行业金融机构	10,639	12,737	16,627	22,394	30,396	37,900	44,441	58,322	72,094	86,708
政策性银行业及国家开发银行	957	1,118	1,523	1,726	3,578	3,806	4,063	4,363	4,902	5,527
大型商业银行	6,509	7,637	9,597	13,540	15,824	19,608	21,962	28,611	33,745	39,522
股份制商业银行	977	1,143	1,335	1,904	3,392	4,414	5,640	8,166	10,794	13,142
城市商业银行	499	584	827	1,215	1,883	2,669	3,587	4,822	6,641	8,075
农村商业银行	5	27	156	249	330	534	1,115	2,026	3,320	4,910
农村合作银行	—	—	177	295	410	653	851	1,115	1,066	1,039
城市信用社	4	20	32	50	64	47	17	2	5	—
农村信用社	-137	732	1,320	1,497	1,867	2,220	2,344	2,793	3,471	4,014
非银行业金融机构	1,417	982	1,036	1,170	1,756	2,310	2,855	3,833	4,757	6,105
外资银行	408	494	625	747	1,172	1,420	1,674	1,854	2,104	2,555
新型农村金融机构和邮政储蓄银行	0	0	0	0	120	221	332	736	1,289	1,799

注：2003 —2006 年为境内合计，2007 —2012 年为法人合计。

附表 4 银行业金融机构存贷款情况表（2003 – 2012 年）

单位：亿元

项目 / 年份	2003 年	2004 年	2005 年	2006 年	2007 年	2008 年	2009 年	2010 年	2011 年	2012 年
各项存款	220,364	253,188	300,209	348,016	401,051	478,444	612,006	733,382	826,701	943,102
其中：储蓄存款	110,695	126,196	147,054	166,616	176,213	221,503	264,761	307,166	347,401	403,704
各项贷款	169,771	188,566	206,839	238,280	277,747	320,129	425,597	509,226	581,893	672,875
其中：短期贷款	87,398	90,808	91,158	101,698	118,898	128,609	151,353	171,237	217,480	268,152
中长期贷款	67,252	81,010	92,941	113,010	138,581	164,195	235,579	305,128	333,747	363,894
票据融资	9,234	11,618	16,319	17,333	12,884	19,314	23,879	14,845	15,154	20,447

注：各项存款、各项贷款为人民银行统计口径。数据来源于人民银行。

附表 5 银行业金融机构税后利润情况表（2007 – 2012 年）

单位：亿元

机构 / 年份	2007 年	2008 年	2009 年	2010 年	2011 年	2012 年
银行业金融机构	4,467.3	5,833.6	6,684.2	8,990.9	12,518.7	15,115.5
政策性银行及国家开发银行	489.3	229.8	352.5	415.2	536.7	736.3
大型商业银行	2,466.0	3,542.2	4,001.2	5,151.2	6,646.6	7,545.8
股份制商业银行	564.4	841.4	925.0	1,358.0	2,005.0	2,526.3
城市商业银行	248.1	407.9	496.5	769.8	1,080.9	1,367.6
农村商业银行	42.8	73.2	149.0	279.9	512.2	782.8
农村合作银行	54.5	103.6	134.9	179.0	181.9	172.2
城市信用社	7.7	6.2	1.9	0.1	0.2	—
农村信用社	193.4	219.1	227.9	232.9	531.2	654.0
非银行金融机构	333.8	284.5	298.7	408.0	598.8	825.5
外资银行	60.8	119.2	64.5	77.8	167.3	163.4
新型农村金融机构和邮政储蓄银行	6.5	6.5	32.2	119.0	257.9	340.7

附表 6 银行业金融机构盈利性情况表（2007 – 2012 年）

单位：百分比

项目 / 年份	2007 年	2008 年	2009 年	2010 年	2011 年	2012 年
银行业金融机构						
资产利润率	0.9	1.0	0.9	1.0	1.2	1.2
资本利润率	16.7	17.1	16.2	17.5	19.2	19.0
其中：商业银行						
资产利润率	0.9	1.1	1.0	1.1	1.3	1.3
资本利润率	16.7	19.5	18.0	19.2	20.4	19.8

附表 7 银行业金融机构不良贷款情况表（2010 – 2012 年）

单位：亿元，百分比

项目 / 年份	2010 年	2011 年	2012 年
不良贷款余额	12,437.0	10,533.4	10,746.3
次级	5,852.5	4,784.3	5,270.6
可疑	4,967.8	4,400.9	4,386.7
损失	1,616.7	1,348.1	1,089.0
不良贷款率	2.4	1.8	1.6
次级	1.1	0.8	0.8
可疑	1.0	0.7	0.6
损失	0.3	0.2	0.2

附表 8 银行业金融机构流动性比例情况表（2007－2012 年）

单位：百分比

机构 / 年份	2007 年	2008 年	2009 年	2010 年	2011 年	2012 年
银行业金融机构	40.3	49.8	45.7	43.7	44.7	47.8
其中：商业银行	37.7	46.1	42.4	42.2	43.2	45.8

附表 9 商业银行不良贷款、拨备覆盖率及准备金情况表（2007－2012 年）

单位：亿元、百分比

项目 / 年份	2007 年	2008 年	2009 年	2010 年	2011 年	2012 年
不良贷款余额	12,701.9	5,635.4	5,066.8	4,336.0	4,278.7	4,928.5
次级	2,192.3	2,640.0	2,112.0	1,619.3	1,725.2	2,176.2
可疑	4,626.2	2,419.1	2,320.5	2,052.2	1,883.5	2,122.4
损失	5,883.3	576.2	634.3	664.5	670.1	630.0
不良贷款率	6.1	2.4	1.6	1.1	1.0	1.0
次级	1.0	1.1	0.7	0.4	0.4	0.4
可疑	2.2	1.0	0.7	0.5	0.4	0.4
损失	2.8	0.2	0.2	0.2	0.2	0.1
各项资产减值准备金	6,029.6	7,801.4	8,750.5	10,308.1	12,677.1	15,307.9
拨备覆盖率	41.4	116.6	153.2	217.7	278.1	295.5

附表 10 商业银行不良贷款分机构情况表（2012 年）

单位：亿元，百分比

项目 / 机构	商业银行合计	大型商业银行	股份制商业银行	城市商业银行	农村商业银行	外资银行
不良贷款余额	4,928.5	3,095.2	797.0	418.7	563.7	54.0
次级	2,176.2	1,211.2	386.0	252.8	302.6	23.6
可疑	2,122.4	1,463.6	272.8	125.1	241.3	19.5
损失	630.0	420.4	138.2	40.7	19.7	10.9
不良贷款率	1.0	1.0	0.7	0.8	1.8	0.5
次级	0.4	0.4	0.4	0.5	0.9	0.2
可疑	0.4	0.5	0.2	0.2	0.8	0.2
损失	0.1	0.1	0.1	0.1	0.1	0.1

附表 11 商业银行不良贷款分行业情况表（2012 年）

单位：亿元，百分比

行业 / 项目		不良贷款余额	不良贷款率
A	农、林、牧、渔业	205.9	2.35
B	采矿业	31.1	0.22
C	制造业	1,770.7	1.60
D	电力、热力、燃气及水的生产和供应业	192.8	0.72
E	建筑业	120.4	0.57
F	批发和零售业	1,071.4	1.61
G	交通运输、仓储和邮政业	361.4	0.82
H	住宿和餐饮业	86.5	1.89
I	信息传输、软件和信息技术服务业	34.0	1.44
J	金融业	3.5	0.21
K	房地产业	279.1	0.71
L	租赁和商务服务业	105.4	0.47
M	科学研究和技术服务业	10.6	1.05
N	水利、环境和公共设施管理业	39.0	0.19
O	居民服务、修理和其他服务业	41.2	0.87
P	教育	29.0	1.20
Q	卫生和社会工作	10.0	0.46
R	文化、体育和娱乐业	12.7	0.91
S	公共管理、社会保障和社会组织	10.2	0.43
T	国际组织	0.0	0.00
	个人贷款	487.3	0.49
	信用卡	153.0	1.11
	汽车	23.4	2.16
	住房按揭贷款	204.4	0.29
	其他	106.5	0.85

附表 12 商业银行不良贷款分地区情况表（2012 年）

单位：亿元，百分比

地区 / 项目	不良贷款余额	不良贷款率
总行	383.2	1.37
东部地区	3,144.4	1.00
北京	173.6	0.59
天津	97.6	0.70
河北	94.5	0.66
辽宁	208.8	1.20
上海	237.8	0.74
江苏	528.9	1.04
浙江	790.5	1.68
福建	135.8	0.76
山东	346.2	1.07
广东	521.2	0.93
海南	9.4	0.55
中部地区	727.5	0.95
山西	91.5	1.04
吉林	47.2	0.80
黑龙江	48.3	0.93
安徽	114.9	0.96
江西	92.1	1.19
河南	119.5	0.91
湖北	116.6	0.87
湖南	97.5	0.91
西部地区	648.5	0.77
重庆	58.4	0.46
四川	194.9	1.02
贵州	41.4	0.78
云南	64.6	0.69
西藏	4.3	0.70
陕西	75.3	0.77
甘肃	24.7	0.72
青海	21.5	1.32
宁夏	14.9	0.75
新疆	50.1	1.12
广西	46.4	0.59
内蒙古	52.0	0.66
境内小计	4,903.6	0.98
境外分行	24.9	0.18

附表 13 商业银行资本充足率情况表（2010 – 2012 年）

单位：亿元，百分比

项目 / 年份	2010 年	2011 年	2012 年
核心资本	42,985.1	53,366.6	64,340.1
附属资本	10,294.5	14,417.6	17,585.1
资本扣减项	3,196.4	3,735.4	4,057.1
表内加权风险资产	355,371.1	431,420.7	506,604.1
表外加权风险资产	53,233.7	68,819.0	76,108.0
市场风险资本	273.3	296.3	388.4
资本充足率	12.2	12.7	13.3
核心资本充足率	10.1	10.2	10.6

附表 14 现场检查情况表（2003 – 2012 年）

单位：亿元，家，人，百分比

项目 / 年份	2003 年	2004 年	2005 年	2006 年	2007 年	2008 年	2009 年	2010 年	2011 年	2012 年
查处违规金额	1,768	5,840	7,671	10,147	8,555	12,883	11,514	15,370	12,634	11,565
处罚违规银行业金融机构	1,512	2,202	1,205	1,104	1,360	873	4,212	2,312	1,977	1,553
取消高管人员任职资格	257	244	325	243	177	78	86	49	66	55
现场检查平均机构覆盖率	28	36	34	35	42	24	30	27	19	20

注：本表含分支机构数据。

附表 15 银行业金融机构法人机构和从业人员情况表（截至 2012 年底）

单位：人，家

机构 / 名称	从业人员数	法人机构数
大型商业银行	1,665,973	5
政策性银行及国家开发银行	62,231	3
股份制商业银行	315,585	12
城市商业银行	259,261	144
农村信用社	502,829	1,927
农村商业银行	220,042	337
农村合作银行	55,822	147
企业集团财务公司	7,571	150
信托公司	11,710	67
金融租赁公司	1,855	20
汽车金融公司	4,477	16
货币经纪公司	447	5
消费金融公司	716	4
新型农村金融机构和邮政储蓄银行	200,769	864
资产管理公司	8,240	4
外资金融机构	44,560	42
银行业金融机构合计	3,362,088	3,747

报主编: 杨家才
编 辑: 杨少俊、杨东宁、綦相、张俊潼、刘锦、王飞、甘煜、宋李健、贾晶磊、宋永明、傅伟溢、胡美军、王瑾、李棣、董夙、郝丽、李星昊、王睿、王晓腾、张传生、徐自华
校 译: 张利星、卢巍、曾智萍、叶婷、李伟、张萍萍、陈佳妮、吴昊、曾珍、刘勇
人 员: 单明伟、仇书勇、刘省非、赵欣、尹奕文、姜丰森、亓菁晶、熊丽、杨硕、朱林、何晓琳、周晓阳、胡晗、袁韦、陈锋、张小霞、曹玥兆、甘志、李南、刘思佳

图片及照片均为银监会系统职工摄影作品，由陈硕、陈颖、段昆仑、冯韬、高亮、何晓帅、李二华、李曦雯、廖媛媛、东、王芳、王了、战伟宏、张培植、张正、周旭升（按姓氏拼音排序）等同志友情提供。特此鸣谢。